अवाक्

कैलाश-मानसरोवर : एक अंतर्यात्रा

अवाक्

कैलाश-मानसरोवर : एक अंतर्यात्रा

गगन गिल

राजकमल प्रकाशन

पहली बार वाणी प्रकाशन से 2008 में प्रकाशित

ISBN : 978-93-6086-273-2

मूल्य : ₹995

पुनर्नवा संस्करण : 2024

प्रकाशक : राजकमल प्रकाशन प्रा. लि.
1-बी, नेताजी सुभाष मार्ग, दरियागंज
नई दिल्ली-110 002

शाखाएँ : अशोक राजपथ, साइंस कॉलेज के सामने, पटना-800 006
पहली मंज़िल, दरबारी बिल्डिंग, महात्मा गांधी मार्ग, प्रयागराज-211 001
1, अनमोल सोराबजी सन्तुक लेन, धोबी तलाव, मरीन लाइंस, मुम्बई-400 002

वेबसाइट : www.rajkamalprakashan.com
ई-मेल : info@rajkamalprakashan.com

मुद्रक : यश प्रिंटोग्राफिक्स
नोएडा-201 301 (उत्तर प्रदेश)

AWAAK : KAILASH-MANSAROVAR : EK ANTARYATRA
Travelogue by Gagan Gill

अवाक्

अर्थात्

सन्न, स्तब्ध, हतोत्तर, उत्तरहीन
ब्रह्म, अंतराकाश, अव्यक्त, अशब्द, परम तत्त्व, शाश्वत
मौन, निमुँहा, गूँगा, शान्त
प्रदक्षिणाशील

रिनपोछे के लिए

जिन्होंने कहा,
अवाक् को ही लिखिए...

क्रम

पूर्व-कथन

जब शिव सती का शव लिये-लिये विक्षिप्त हो तीन लोकों में घूमने लगे,
तो ब्रह्मा ने विष्णु को उनके पीछे भेजा,
सती के अंग गलाकर गिराने को...
जब तक सती के अंग भुरभुराकर नष्ट नहीं हो गए,
शिव का शोक समाप्त नहीं हुआ।

महाशिवपुराण

1

मेरे पास एक वस्त्र है, निर्मल काया का पहना अन्तिम वस्त्र। उसे लेकर कैलाश जाना है...

सुना है, वहाँ एक जगह है, डोल्मा-ला, तारा देवी का स्थान। तिब्बती लोग वहाँ अपने प्रियजनों को देवी तारा की रक्षा में छोड़ आने के लिए परिक्रमा करते हैं। कैलाश कोरा। प्रियजन की इस्तेमाल की हुई कोई वस्तु, वस्त्र, बाल आदि छोड़ आओ, तो देवी सदा उनकी रक्षा करती हैं।

मुझे कैलाश जाना है।

यह एक यात्रा मुझे निर्मल के लिए करनी है। उनके वस्त्र, मोज़े, कमीज़, स्वेटर पहने हुए करूँ, तो ऐसा हो नहीं सकता, कि देवी उनका आना स्वीकार न करें। जाते-जाते बड़ी ज़िम्मेवारी मुझ पर छोड़ गए थे।

मैं विधि से जाना चाहता हूँ...

कहने को मैं बड़ी आस्थावान, लेकिन सही-सही ज्ञान किसी धर्म का नहीं। अंत्येष्टि-कर्म की पुस्तक मँगवाकर मैंने सब काम किये। कुछ छूट न जाए...

यह तीर्थयात्रा रह गई थी। इसका वादा उन्हें उनके जीते-जी किया था। वैल्ली, मेरी यूनानी सहेली। उसके साथ कैलाश जाना था। उसने कहा था, तुम यह तीर्थयात्रा उन्हें पुण्य में दे सकती हो... निर्मल से कहा, तो उनकी आँखें सपनीली हो आईं। कैलाश और तिब्बत... बोले, ज़रूर चली जाओ।

इससे पहले कि हमारी तैयारियाँ होतीं, ऐसे बीमार पड़ना शुरू हुए, कि कभी घर कभी अस्पताल। जैसे हम किसी जादूगर के हाथों में उछलती-गिरती गेंदें हों, जिनकी एकमात्र चिन्ता सिर्फ़ यह हो कि कहीं हम गिर न जाएँ!

फिर वैल्ली ने ही कहा, *चिन्ता मत करो, निर्मल के नाम की परिक्रमा मैं करूँगी...*

जब वह अस्पताल में बिस्तर पर पड़े थे, वैल्ली मानसरोवर के जल में खड़े होकर निर्मल का नाम ले-लेकर देवताओं को पुकार रही थी। अस्पताल में ही मैंने उन्हें मानसरोवर से लाया जल पिलाया था, उन्होंने कैलाश-मानसरोवर की तसवीरों का दर्शन किया था।

—तुम ठीक हो जाओगे, तो मैं ख़ुद जाऊँगी, तुम्हारी परिक्रमा करने...

उन्होंने ख़ुशी-ख़ुशी सिर हिलाया था। बच्चे की तरह वह ख़ुश हो जाते थे, दूसरे को कर देते थे। इसी संबल के सहारे हम यह विकट युद्ध लड़ते आ रहे थे।

एक अनहोनी रात हम घर आ गए थे। मैं और निर्मल का शरीर।

सामान में उनके शरीर का पहना अन्तिम वस्त्र था जो मैंने सहेजकर रख लिया... किसी दिन देवी से कहूँगी, लो, इसी में थे वह। जहाँ भी हैं अब, उनकी रक्षा करना।

मुझे कैलाश जाना है...

जो भी ईश्वर को देखता है...

बैठकर किसी कोने में
ध्यान करो यों
जैसे तुम कोई घायल पशु हो...

एक बौद्ध प्रार्थना

2

जो भी ईश्वर को देखता है, मर जाता है। मरना एक ढंग है ईश्वर को देखने का...

मॉरिस ब्लांशो का यह कथन निर्मल ने मेरी किताब 'अँधेरे में बुद्ध' के लिए अनुवाद किया था... यह और कई अन्य कथन। उन दिनों मॉरिस ब्लांशो हम दोनों के प्रिय लेखक थे...

मुझे क्या पता था, एक दिन मैं इस वाक्य को बार-बार दोहराऊँगी...

मरना एक ढंग है ईश्वर को देखने का...

क्या निर्मल ने ईश्वर को देखा होगा?

मैं कभी नहीं जान पाऊँगी।

जो प्रार्थनाएँ मैं करती हूँ, वे कहीं पहुँचती भी हैं कि नहीं।

मैं कभी नहीं जान पाऊँगी।

मुझे कैलाश जाना है...

बुलावा न हो तो आप जा नहीं सकते। हर कोई यही कहता है।

मुझे तो कब से लग रहा है, मुझे बुलावा है। फिर मैं क्यों नहीं जा पा रही?

—तो आप जाने के लिए तैयार हैं?

अंकित पूछ रहे हैं। फ़िज़ियोथेरेपी के डॉक्टर। पिछले साढ़े तीन महीने से मेरे जाम हो गए कंधे को ठीक कर रहे हैं।

पता नहीं, इस सूटकेस को मेरे कंधे पर ही क्यों गिरना था? आठ महीने होने को आए, चोट वैसी की वैसी है। ज़रा सी बाँह मुड़ जाए तो चीख़ें निकल जाती हैं। कपड़े बदलना तक मुहाल है।

—मैं मन की पीड़ा जानती थी। शरीर की पीड़ा ऐसी होगी, पता न था...

पीड़ा से बेहाल एक दिन मैं कहती हूँ।

अमरज्योति अपाहिजों का सेवा-केन्द्र है। वे लोग चीख़ें सुनने के अभ्यस्त हैं, फिर भी मेरी बात सुनकर मुँह फेर लेते हैं।

कुछ दिनों से मैं एक गोपनीय खेल कर रही हूँ। जैसे ही डॉक्टर मेरी बाँह मोड़ते (मरोड़ते) हैं, मैं शरीर से बाहर निकल जाती हूँ, दूर कैलाश-हिमालय की घाटियों में। मुझे लगता है, डॉक्टर नहीं, महादेव जी मुझे खींच रहे हैं, कि मैं मनुष्य नहीं, कोई पतंग हूँ, जो उड़ना चाहती है... बस एक झटका और, कि मैं आसमान में होऊँगी...

—तो आप जाने के लिए तैयार हैं?

डॉक्टर को मालूम है, मुझे कैलाश जाना है।

—अगर वह टुंडी बाँह के साथ बुलाएँगे, तो टुंडी बाँह लेकर जाएँगे...

—घबराइए नहीं, अब आप काफ़ी ठीक हैं। इसके बाद आपकी चोट को स्वस्थ होने का रास्ता ख़ुद तय करना है।

अब नहीं रुका जा सकता...

इस बीच जापान से मित्र मुराकामी ने पीड़ानिवारक पट्टियाँ भेज दी हैं। दिल्ली में उसने मुझे बदहाल देखा था।

—मामी जी, मैं आपको मलहम लगा दिया करूँगी।

रूबी कहती है।

वह और उसका पति गंकुल, निर्मल के भांजे, मेरे सहयात्री होने वाले हैं। युवा दम्पती, ट्रेकिंग के शौक़ीन। आस्था है या नहीं, अभी ठीक से मालूम नहीं। पिछले साल हमने यह यात्रा तय की थी।

अगर मई में जाएँ, उनके बच्चों की स्कूली छुट्टियों के दौरान, तो हम एक साथ जा सकते हैं। यदि मैं अपने कंधे को सह लूँ, तो हम जा सकते हैं।

मुझे कब से कैलाश जाना है।

चोट को स्वस्थ होने का रास्ता ख़ुद तय करना है...

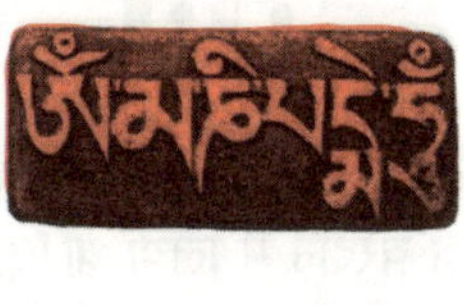

3

ब्रह्मा ब्रह्मलोक में, विष्णु वैकुंठ में, शिव कैलाश पर रहते हैं।

जीते जी मनुष्य न ब्रह्मलोक, न वैकुंठ जा सकते हैं। केवल कैलाश जा सकते हैं।

कैलाश जाना यानी एक देव-कथा में जाना... एक देव-पर्वत पर जाना...

कैलाश जाना यानी अपनी आदिम स्मृति में जाना...

महाभारत-रामायण हमारे पुरातन ग्रंथों में इसका ज़िक्र है। अर्जुन ने यहीं तपस्या कर भगवान शिव से पाशुपत अस्त्र वरदान में लिया था। युधिष्ठिर इसी स्वर्ग में सशरीर गए थे। रावण ने यहीं शिव की आराधना की थी। बाद में उसकी आसुरी शक्तियों का पता चलने पर उससे वरदान वापस लेने का उपक्रम पार्वती-गणेश को करना पड़ा! भस्मासुर का कांड यहीं हुआ था। छूकर भस्म कर देने का वरदान लेकर असुर शिव पर ही उसका प्रयोग करना चाहता था! इन्हीं पर्वत-श्रृंखलाओं में भोले शंकर

जान बचाने को भागे-भागे फिरे थे। मानसरोवर की जुड़वाँ झील को आज भी राक्षस-ताल कहते हैं।

इस एक पर्वत को, झील को भारतवर्ष के लोग हज़ारों-हज़ारों वर्षों से प्रणाम करते आ रहे हैं। प्राचीन 'भारतवर्ष' —जो वर्तमान भारत से कहीं विशाल था...

सदियों से उसकी परिक्रमा की जा रही है। उसके आसपास के पर्वतों पर चढ़ते-उतरते। कैलाश पर कभी पाँव नहीं रखा गया। इस साल एक दुस्साहसी स्विस पर्वतारोही टीम ने चीन सरकार से कैलाश पर जाने की विशेष अनुमति ली थी, बाद में लोगों की भावनाओं का ध्यान रखते हुए यह अनुमति वापस ले ली गई...

हमारे पुरखों को पता कैसे चला होगा कि यह पर्वत पूजनीय है, इस पर कभी पैर नहीं रखा जाएगा? कैलाश ने ख़ुद तो कहा नहीं होगा कि मैं देव हूँ, वंदनीय हूँ!

कम-से-कम पाँच हज़ार साल पुराना हमारा सम्बन्ध तो ग्रंथ ही बताते हैं। भारतीयों को तिब्बत जाने के लिए, कैलाश जाने के लिए कभी अनुमति नहीं लेनी पड़ी थी। जैसे नेपाल गए, वैसे तिब्बत। राहुल सांकृत्यायन की 1920-30 के दशक की तिब्बत यात्राएँ उसी दौर में हुईं। यह और बात है, कि आज यह क्षेत्र चीन अधिकृत है। आप समूह में यात्रा न कर रहे हों तो वीज़ा मिलने की सम्भावना नहीं है।

—आप सचमुच जा रही हैं?

मित्र कवि श्री कैलाश वाजपेयी का फ़ोन है।

—कई साल पहले मेरे एक परम मित्र प्रोफ़ेसर युधिष्ठिर को मैंने कैलाश-यात्रा में गँवा दिया था... अब आप जा रही हैं, सुबह से ही सोच-सोच कर परेशान हो रहा हूँ...

—जिनका नाम ही युधिष्ठिर था, वह यदि कैलाश-यात्रा से नहीं लौटे तो अचम्भे की बात क्या!

*कैलाश तीर्थयात्रियों का एक
अनौपचारिक सम्प्रदाय है। किसी
धर्म या अनुष्ठान से बँधा हुआ नहीं।
बल्कि उस साझे अनुभव से बँधा हुआ,
जो उन्हें वहाँ हुआ था—जब उन्होंने
शाश्वत को, ईश्वर की धरती को,
अपनी आँखों से देखा था...*

लामा अनागरिक गोविंदा
द वे ऑफ़ द व्हाइट क्लाउड्स

मैं उनसे हँसी करती हूँ, लेकिन उनका बरसों पुराना शोक जाता नहीं।

बार-बार कहते हैं, *ध्यान से जाइएगा।*

बड़े पक्के मन से तैयारी की है। घर बन्द करने को हूँ कि छाया आ जाती है।

अगर मैं सचमुच लौटकर न आई?

रुककर वसीयत लिखती हूँ, उसकी एक कॉपी माँ को भेजकर, दूसरी मेज़ पर छोड़कर मुक्त मन होती हूँ।

यात्रा और आत्महत्या से पहले, जहाँ तक हो सके, सब साफ़ छोड़ना चाहिए...

4

साल भर पहले से मेरी इच्छा थी, कैलाश जाएँगे तो सागा दावा के उत्सव पर ही। सागा यानी शाक्य। दावा यानी चाँद। शाक्य मुनि का चाँद! बुद्ध पूर्णिमा।

हमारे और तिब्बती कैलेंडर में एक मास का अन्तर होने के कारण भारत में बुद्ध पूर्णिमा के उत्सव के ठीक एक माह बाद तिब्बत में सागा दावा मनाया जाता है। एक दिन नहीं, पूरे एक मास का कृतज्ञता-उत्सव! सारा माह पवित्र है। प्रार्थनाएँ और परिक्रमाएँ होती हैं, विशेषकर कैलाश पर्वत की। हिन्दुओं-बौद्धों के लिए कैलाश-मानसरोवर के दर्शन ही पुण्यकारी हैं, इस पवित्र महीने में हो जाएँ, तो उसका लाभ अलग।

साल भर से ट्रैवल एजेंसी को सागा दावा उत्सव की तारीख़ों में यात्रा करने की पूर्वसूचना दे रखी थी। जाने का समय आया, तो पता चला, परमिट नहीं मिला। सागा दावा उत्सव के कारण वहाँ बहुत अधिक तीर्थयात्री, विदेशी सैलानी पहुँच गए थे। मौसम ख़राब हो गया। अब जब तक वे वहाँ से निकलें नहीं, और परमिट नहीं दिये जाएँगे। वैसे भी चीन सरकार को नेपाल के रास्ते आने वाले भारतीय जत्थों का विशेष उत्साह नहीं होता।

दुनिया जानती है, चीन से हमारे सम्बन्ध कूटनीतिक कम, कटु ज़्यादा हैं।

अगले दस दिन ट्रैवल एजेंसी से कई तक़ाज़ों और चक्करों के बाद जिस दोपहर हम उम्मीद छोड़कर लौट रहे होते हैं, वहाँ से हेमंत जी का फ़ोन आता है।

—आप लोग कल सुबह जाने को तैयार हैं?

बुलावा आ जाए तो फिर कौन रुक सकता है?

बदहवासी और आधी-अधूरी तैयारी के बीच ही रिनपोछे को फ़ोन करती हूँ। कहीं एक विश्वास है, उनसे बात हो जाएगी, तो सब ठीक होगा...

—कल कैलाश-मानसरोवर जा रही हूँ।

—अच्छा?

आवाज़ एकदम कोमल हो आई है। तिब्बत... उनका देश।

बीस वर्ष की उम्र में छोड़ना पड़ा था। इतने लोग तिब्बत जाते हैं, वह नहीं जा सकते। चीन सरकार के प्रति सत्याग्रह छेड़ रखा है। जिस दिन जाएँगे, सब तिब्बती दलाई लामा की अगुवाई में तिब्बत वापस जाएँगे!

क्या ऐसा सम्भव हो पाएगा?

कैसा है यह दिल, निर्वासितों का। जिस बात की इतनी धुँधली उम्मीद है, उसी के लिए प्रार्थनाएँ करते हैं, अनशन, प्रदर्शन, कभी-कभी आत्मदाह तक।

—निर्मल जी के लिए...

—ज़रूर जाइए...

उन्हें मालूम है, मैं क्या सुनना चाहती हूँ।

—आपकी यात्रा सफल हो, मेरा आशीर्वाद है, आपको महादेव जी के, उमा जी के दर्शन हों!

मेरी धड़कन तेज़ हो जाती है।

—क्या ऐसा सम्भव है?

—हाँ, हाँ, क्यों नहीं? यह तो आप पर है कि आप उन्हें पहचान पाती हैं कि नहीं।

—तब मेरे लिए यही प्रार्थना करिएगा, कि मैं उन्हें पहचान पाऊँ...

—ज़रूर!

थोड़ा रुककर कहते हैं, निर्मल जी की इस्तेमाल की हुई कोई चीज़ साथ में रख लीजिएगा...

—जी!

और कुछ नहीं कहते। थोड़ा अन्दाज़ा उन्हें है। जा रही है, तो तैयारी करके जा रही होगी...

यही सबसे मुश्किल घड़ी है।

निर्मल का पहना अन्तिम वस्त्र निकालना। डॉक्टर ने कैंची से काटकर उनके शरीर से अलग किया था...

निर्मल...

रात दो बजे वस्त्र हाथ में लिये अकेली बैठी हूँ, जैसे अभी तक पूरा विदा नहीं किया था। अब सचमुच बिछुड़ने की घड़ी आ गई है...

—उन्हें जाने दीजिए, प्लीज़... उनका जाना मुश्किल मत करिए।

डॉक्टर ने कहा था। डेढ़ साल पहले, उस रात...

मैं बार-बार अपना हाथ उनके दिल पर रख देती थी, प्रार्थना करती हुई और उनका डूबता ब्लड प्रेशर हल्का-सा ऊपर आने लगता था। मॉनीटर की सारी लाइनें शून्य हो चुकी थीं, ज़रा-सा ब्लड प्रेशर बचा था।

आरोग्य के देवदूत,

क्या तुमने कभी जानी पीड़ा?

जो पीछा करती हैं,

किसी के थके क़दमों का

निर्वासित की तरह?

बॉदलेयर

फ्लॉवर्स ऑफ़ ईविल

—ऐसा मत करिए... आपको मालूम है, आप क्या कर रही हैं? आप उन्हें जाने नहीं दे रहीं, और उनकी देह उन्हें आने नहीं दे रही...

निर्मल...

एक पैकेट में सब अलग रख लिया है। निर्मल का अन्तिम वस्त्र। दारजी की दस्तार। अभी तक उनकी गंध उसमें है! माँ की चुन्नी। कनु की कॉपी का एक पृष्ठ... माई नेम इज़ तनुप्रीत कौर... उसने लिखा था। सोलह साल बीत गए... बच्ची की लिखावट वैसी की वैसी है।

खड़े थे बड़े मैदान में, गिरती बर्फ़ के बीच
देखे दस हज़ार सैनिक, जाते इधर से उधर
ढूँढ़ते तुम्हें और मुझे, प्रिय
ढूँढ़ते तुम्हें और मुझे...

डब्ल्यू.एच. ऑडेन
शरणार्थी शोकगीत

इनकी रक्षा करना माँ!

और रिनपोछे?

रिनपोछे का कोरा कौन करेगा?

तिब्बतियों की सबसे बड़ी तीर्थयात्रा... कितनी-कितनी परिक्रमाएँ करते हैं ये लोग।

वह तो किसी से कहेंगे नहीं।

कैसे निकले थे अपने देश से। कभी पैदल, कभी घोड़े पर। पूरा एक महीना पहाड़ों में लुकते-छिपते। तब कहीं भारत सीमा दिखी थी। तब भी आशंका यही, कि चीनी आ जाएँगे, पकड़ लेंगे, मार देंगे...

क्या मेरे पास कुछ है, जो साथ ले जा सकूँ?

है तो! कई साल पहले उनके नाखून का टूटा टुकड़ा माँग लिया था... गहने की तरह सँभालकर रखा है।

गुलाबी पन्नी अपने बटुए में रख लेती हूँ।

प्रभु, मेरी यात्रा स्वीकार करना...

क्या मैं तुम्हें जानती हूँ?

व्यतीत मन समझ से परे है
वर्तमान मन समझ से परे है
भविष्य मन समझ से परे है

वज्रच्छेदिका सूत्र

5

पहले नगरकोट, फिर धूलीखेल। सारे समूह को दो दिन इन्तज़ार करना है, तिब्बत वीज़ा के लिए।

कैलाश-मानसरोवर के लिए वीज़ा भी चाहिए, परमिट भी। ये दो दिन काठमांडू की बजाय इन जगहों पर बिताने सारा समूह आ गया है।

नगरकोट से धौलागिरि की शृंखलाएँ दिखती हैं। दूर, मनोहारी। धूलीखेल में हिमालय के पर्वत जैसे हमारे होटल के आँगन तक आ गए हैं।

होटल की ऊपरी चट्टान पर बहुत ही सुन्दर बगीचा है। जाने कब के पुराने पेड़ हैं?

शाम गए वहीं सैर कर रही हूँ। अकेली।

कल सुबह हमें निकलना है।

अचानक ठिठकती हूँ। किसी ने बुलाया क्या?

पीछे कहीं कोई भी नहीं। दोबारा चक्कर लगाती हुई वहाँ से गुज़रती हूँ, तो फिर

वही। हवा में किसी की भारी साँस।

कौन मुझे बुला रहा है?

इस बार रुक जाती हूँ। हर पेड़ के पास जाती हूँ। वे सब झुरमुट में खड़े हैं। यह नहीं, यह भी नहीं।

आख़िर वह दिख जाता है। पहचान में आ जाता है।

उसके पास जाती हूँ। मेरी ही तरह साँस ले रहा है वह। यही रोक रहा था मेरा रास्ता?

काफ़ी देर मैं खड़ी रहती हूँ। उसे छूती हूँ। उसके पत्तों को, उसकी टहनी को।

मन पिघलता जा रहा है। जैसे किसी बिछुड़े हुए से मिली हूँ।

—सुनो, क्या मैं तुम्हें जानती हूँ? किसी दूसरे समय से? कौन हो तुम?

अगर कोई वृक्ष-भाषा है, तो उसने मुझे कुछ बताया है। वह वनस्पति नहीं, कोई व्यक्ति है। वनस्पति में छिपा कोई देवता नहीं, कोई मनुष्य, जो वनस्पति-योनि भोगने यहाँ आ गया है।

पता नहीं, मैं इसे कब जानती थी!

गायत्री मंत्र

ॐ भूर्भुवः स्वः तत्सवितुर्वरेण्यं भर्गो
देवस्य धीमहि धियो योनः प्रचोदयात् ।

6

इस यात्रा में मुझे कमरे की साथिन दी गई तो मैंने विरोध किया।

काठमांडू के होटल में कई महिलाएँ दिखी थीं, माथे पर चन्दन का टीका लगाये, ठेठ धार्मिक-तत्त्व की बनी मूर्तियाँ। यदि मेरी साथिन कोई ऐसी मूर्ति हुई तो हो गया।

—वह आपके ही जैसी है। आपको अच्छी लगेगी।

मिस्टर नारायण ने कहा। मेरी ही उम्र के थे। एजेंसी के मालिक थे, यह बाद में पता चला।

—आपको कैसे मालूम, मैं 'कैसी' हूँ?

अभी पन्द्रह मिनट पहले ही उनसे परिचय हुआ था।

सज्जन थे, सो चुप रहे।

(उन्हें मालूम हुआ था, एक 'लेखिका' आ रही हैं। दिल्ली ऑफ़िस ने बताया था।)

—देखिए, आपको अकेले रहने के जो ज़्यादा दाम देने हैं, मैं दे दूँगी, लेकिन कमरा

तो किसी के साथ साझा नहीं करूँगी।

बस जाने को तैयार थी, किस बात पर बहस हो रही है, सवारियाँ जान गई थीं।

बस में बैठी, तो साथ की सीट पर बैठे सज्जन से भेंट हुई। पूना में पार्ट टाइम बिज़नेस मैनेजमेंट पढ़ाते थे। दो-तीन बार कैलाश हो आए थे। पूना से तीन यात्रियों को लेकर आए थे। यह उनका साइड बिज़नेस था।

—लेकिन अकेला कमरा तो आपको दो दिन यहीं मिलेगा। एक बार बॉर्डर पार किया तो सब जगह डॉर्मिटरी में रहना होगा। कभी चार, कभी छह लोग। टेंट में भी सोना पड़ेगा।

मुझे इसका अनुमान नहीं था।

—वैसे आपको अपनी साथिन अच्छी लगती।

मिस्टर अजीत ने कहा।

हम मिनी बस में सबसे पिछली सीट पर बैठे थे।

—आप उसे मुझे दिखा सकते हैं?

—वह जो आगे अकेली सीट पर लड़की बैठी है।

पीछे से उसकी ऊँची चोटी दिखाई दी। पैंट और ट्रेकिंग बूट पहने थी।

—यह तो अच्छी लग रही है।

—वही तो हम कह रहे थे। आप राइटर हैं, वह एक्ट्रेस। बैंगलौर से चार लोगों का ग्रुप है। एक फ़िल्म डायरेक्टर, एक फ़िल्म प्रोड्यूसर, एक राष्ट्रीय पुरस्कार जीत चुका अभिनेता। वह अकेली लड़की है। आप भी अकेली हैं। बाक़ी सब के साथी हैं। आपके आने से पहले हम यही बात कर रहे थे कि क्या संयोग है, आप दोनों ही कलाकार हैं।

—मैं तैयार हूँ।

नगरकोट में मिस्टर नारायण की असिस्टेंट जब तक मेरे लिए अकेले कमरे का इन्तज़ाम करके आई, मैंने उसे अपना फ़ैसला बताया।

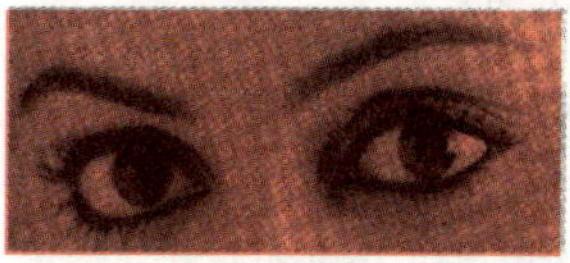

—जब ग्रुप में ही रहना है, तो अभी से क्यों नहीं!

कुछ देर बाद मेरी साथिन मेरे कमरे में थी।

—सॉरी, इस गड़बड़ के लिए। मैंने तब तक तुम्हें देखा नहीं था। मुझे डर था, कोई बहुत पूजा-पाठ करने वाली न हो!

—क्यों? क्या आप पूजा नहीं करतीं?

उसने बड़ी-बड़ी कजरारी आँखों से मुझसे पूछा तो मैं अचकचा गई। चन्दन का टीका उसके माथे पर भी था...

—करती हूँ, लेकिन चुपके से। कोई बहुत ताम-झाम से करने वाला मिल जाए तो घबरा जाती हूँ।

—मैं, रूपा आयर।

यह हमारी दोस्ती की शुरुआत थी।

आधे घंटे में ही हम एक-दूसरे के बारे में सब जानती थीं। अट्ठाईस साल की वह ग्लैमरस लड़की मुझे अपौरुषेय ग्रंथों के बारे में, ब्रह्मसूत्र के बारे में बता रही थी!

आठ साल की आयु में उसने अपने किसान पिता को खो दिया था।

—हल चलाते समय उन्हें पन्द्रह साल की उम्र में चोट लगी थी, दिल की जगह पर। वह कभी ठीक ही नहीं हुई। बत्तीस की उम्र तक आते-आते वह चल बसे।

उसकी माँ स्कूल टीचर थीं, रिटायर हो चुकी थीं। तीन बहनों में वह मझली थी।

बड़ी और छोटी की शादी हो चुकी थी। रूपा एक्ट्रेस और डांसर थी। अपाहिज बच्चों को नृत्य सिखाती थी, विदेश दौरे पर ले जाती थी। आधा साल अमेरिका, आधा साल बैंगलौर में रहती थी।

—मेरी इच्छा है, मैं कम से कम सौ बच्चों को पढ़ा सकूँ। अभी नब्बे के क़रीब हैं।

यह हमारी एक बात और एक जैसी निकली।

—मेरी भी आठ कन्याएँ हैं। मैंने उसे बताया। *निर्मल के रहते एक बच्ची थी।* (अब तक उसे निर्मल के बारे में सब पता था।) *उनके जाने के बाद एक तिब्बती बच्ची को ढूँढ़ा क्योंकि उन्हें तिब्बती बच्चे बहुत पसन्द थे। फिर किसी ने कहा, आप गायत्री जप करती हैं, आपको आठ कन्याएँ रखनी चाहिए। सो 'नन्ही कली' प्रोजेक्ट वालों से छह और माँगी।*

—कहाँ हैं?

—सात दिल्ली में, अमरज्योति स्कूल में। एक धर्मशाला में, दलाई लामा के स्कूल में।

—आपको पता है, औसत साठ साल की ज़िन्दगी में कुल चार या पाँच लोग होते हैं, जो हमारे लिए बने होते हैं।

मैं बड़े ध्यान से उसकी बातें सुन रही हूँ।

—मैं बहुत ख़ुश हूँ, कि हम रूम मेट्स हैं।

वह कहती है।

—मैं भी...

—ये तुम्हारे जूते तो वहाँ नहीं चलेंगे।

रूपा मुझे 'तुम' कहती है। उसकी माँ की उम्र की तो होऊँगी?

मैं तैयार हो रही थी तो मंद-मंद मुस्कराती मुझे देख रही थी। पंकुल मुझे दीदी कहता है, रूबी मामी जी।

—आंटी तो मैं नहीं कहूँगी। दीदी? ऊ हुँ... तुम कुछ अलग-सी हो... क्या मैं तुम्हें 'तुम' कह सकती हूँ?

—तुम यही सोच रही थीं? मैं हँस पड़ती हूँ, *तुम्हें जो सहज लगे, कह सकती हो।*

उसने मेरे रीबॉक के नये-नवेले जूतों को ख़ारिज कर दिया है। चार दिन पहले दिल्ली में कई दुकानें घूमने के बाद वह ख़रीदे थे। सत्रह सौ रुपये के।

—क्यों? इनका ग्रिप तो अच्छा है।

दिल्ली में रूबी ने कहा था, फिसलने वाले न हों, एड़ी में ग्रिग वाला गड्ढा ज़रूर हो। वही ढूँढ़ते घूमे थे।

—ये गीले हो जाएँगे... तुम्हें मालूम होना चाहिए, तुम साढ़े अट्ठारह हज़ार फ़ीट की ऊँचाई पर जा रहे हो। वहाँ बर्फ़ पड़ सकती है, दलदल मिल सकता है। परिक्रमा करते वक़्त हमारे पास सिर्फ़ एक बैकपैक होगा। उस समय बारिश आ गई, गीले हो गए तो ठंड से मारे जाएँगे।

—मेरे पास तो बैकपैक भी नहीं।

अगर रूपा को पता चलता कि यह इसलिए नहीं था, क्योंकि उसे उठाने वाला कंधा भी नहीं था, तो वह ज़रूर घबरा जाती।

—अच्छा रुको। मेरे पास एक दूसरा जूता है, नया है। उसे पहनकर देखो।

रात को धूलीखेल के होटल में हम कैलाश ले जाने वाला सामान डफ़ल बैग में भर रहे थे, जब ये समस्या सामने आई। अगले दिन बड़े सवेरे हमें निकलना था। उसका जूता मैंने पहना तो मुझे पूरा था। पूरा और खुला। रूपा ने उसे इसलिए ख़ारिज कर

दिया था कि आधा नंबर और बड़ा हो तो परिक्रमा में आराम रहेगा। वापस हो नहीं सकता था। उसके लिए बेकार था।

मैंने रूपा से तुरन्त जूता ख़रीद लिया।

—तुम्हारे पास डायमॉक्स तो है?

रूपा का अगला सवाल था।

ये रक्त पतला करने वाली गोलियाँ थीं, जिन्हें कैलाश यात्रा शुरू होने के एक सप्ताह पहले से हमें खाना शुरू करना था, ताकि हमें 'हाई ऑल्टीच्यूड सिकनेस' न हो। इसके लिए हम नहीं कह सकते थे कि दिल्ली में हमें पता नहीं था। इसे साथ रखने की हिदायत एजेंसी ने शुरू से अपने हर ब्रोशर में छाप रखी थी।

हमारी यात्रा ही इतनी अनिश्चितता में थी कि डायमॉक्स खाकर क्या करते?

—हमें काठमांडू में ही यह दवा इतनी मुश्किल से मिली। आगे तो तुम्हें क्या मिलेगी।

रूपा ने कहा।

अभी कुछ देर पहले उनतीस लोगों के हमारे ग्रुप के सामने एक गामा बॉडी बैग का प्रदर्शन किया गया था। यात्रा के दौरान कोई बीमार हो जाए, साँस न ले पाए तो उसे इस बैग में बन्द करके कैसे ऑक्सीजन भरनी है, कितनी ऊँचाई पर कितना वॉल्व खोलना है। सब लोग ठीक से इसे समझ लें। रास्ते में कोई अस्पताल नहीं, डॉक्टर नहीं।

वह भुतहा मनहूस बैग, लाल रंग का, जैसे हमारे शव लाने के लिए साथ जा रहा था। उसे देख हम सबके चेहरे उतर गए थे।

—घबराएँ नहीं, हमारे शेरपा बड़े अनुभवी हैं।

मिस्टर नारायण ने बड़ी अर्थपूर्ण दृष्टि से हम सब लोगों को देखा था...

आधे मुर्दे से पूरा मुर्दा बनने में कोई देर लगती है? डर और चिन्ता के मारे बुरा हाल था।

तीर्थयात्रा केवल बाहर की दुनिया से आरम्भ नहीं होती। उसकी वास्तविक लय हमेशा भीतर से शुरू होती है, एक अदृश्य भीतरी बिन्दु से।

लामा अनागरिक गोविंदा

द वे ऑफ़ द व्हाइट क्लाउड्स

—चलो, बॉर्डर पर दवा का पता करेंगे। अब क्या किया जा सकता है।

आख़िर डेढ़ दिन बाद झांग्मू पहुँचकर हमें डायमॉक्स की गोलियाँ मिलीं, ब्लैक में। हो सकता है, अब भी हम न बचें, पर हमने एहतियात बरती, यह तो कह सकेंगे।

बचे, तब न?

7

शिव के स्तुति-गान के बीच अगली सुबह धूलीखेल से हमारी बस चली। शायद सहस्त्र नाम थे। हमारे जत्थे में चेन्नई के एक स्वामी जी थे। वेद पाठशाला चलाते थे। पन्द्रह भक्तों के साथ वह इस तीर्थयात्रा पर आए थे। उन्हीं के एक भक्त ने गायन शुरू किया।

जैसे ही शुरू हुआ, चिन्ता हुई। लेकिन कुछ ही क्षणों में हम भगवान शिव के चरणों में थे।

शिव शिव शिव शिव सदाशिवा... महा महा महा महा महादेवा...

एक-एक नाम में उनके नये स्वरूप का ज़िक्र था। कोहरे और पहाड़ी रास्ते के बीच शिव उभर रहे थे...

संगीत की भी क्या शक्ति है। किसी लहर-सी चीज़ में लपेटकर वह हमें कहीं और छोड़ आता।

इसी भक्ति-भाव में बहते मुझे अक्का महादेवी की अनेकों कविताएँ याद आईं। शिव के लिए कैसी वैरागिन हो गई थीं वह। वस्त्र तक त्याग दिये थे! कोई देवता इस

जैसे रेशम का कीड़ा
बुनता है अपना घर
सप्रेम अपनी ही मज्जा से
और मर जाता है
अपनी देह से लिपटे
धागों की जकड़न में
वैसे मैं जलती हूँ
अपनी देह की इच्छा में
चीर डालो, ओ प्रभु
लालसा से भरा मेरा हृदय

अक्का महादेवी

तरह घेर सकता है किसी की चेतना?

जो अचेत न करे, वह देवता ही कैसा!

शिव...

यह सारा उपमहाद्वीप शिव की प्रजा है। हज़ारों वर्षों से वह उन्हीं का ध्यान करती आई है...

वही एकमात्र देवता हैं जो सृष्टि के आरम्भ से यहाँ हैं। वेदों के रुद्र, पुराणों के शिव, आदिवासियों के भैरव, साधारण जन के भोले शंकर। कभी शिकारी, कभी वैरागी। कभी नटराज, कभी तांडव तालित। सृष्टि को नियम में बाँधने वाले। नियम के लिए विध्वंस करने वाले।

शिव न हों, तो संसार में कितनी अराजकता हो!

देवता मरते रहते हैं, केवल शिव हैं, जो कभी मरते नहीं। सदा जीवित हैं। सदाशिव हैं।

क्या इसीलिए वह कैलाश पर रहते हैं या श्मशान में?

मनुष्य जाति को देखना, उसे सहना कोई कम योग है!

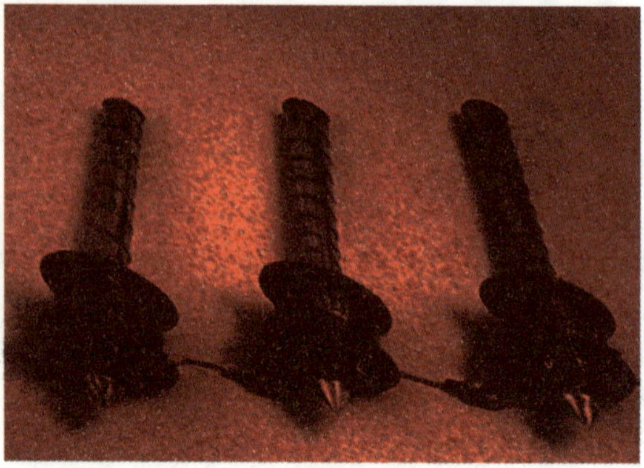

8

—नाम क्या है तुम्हारा?

गोरा-चिट्टा दस-ग्यारह साल का एक लड़का मेरे हाथ से मेरा बैग खींच रहा है, ज़िद कर रहा है कि वह उसे उस पार ले चलेगा।

हम नेपाल-तिब्बत सीमा के कोदारी गाँव पहुँच गए हैं। दो किलोमीटर रास्ता पैदल पार करना है। चेक पोस्ट के दूसरी ओर हमारी जीपें खड़ी हैं। दोनों ओर पहाड़, बीच में नदी ही सीमा तय कर रही है।

—पहले नाम तो बताओ।

मैं फिर पूछती हूँ।

इन फ़ालतू बातों में बच्चे की कोई दिलचस्पी नहीं। वह केवल यह जानना चाहता है, मैं उसे उठाने के लिए अपना हैंडबैग दे रही हूँ कि नहीं। नहीं तो वह कोई और यात्री ढूँढ़े!

—अच्छा, बैग दे दूँगी तो नाम बताओगे?

—हाँ। मेरा नाम विष्णु है।

—झूठ बोलते हो?

मैं हल्का-सा झिड़कती हूँ। दिखने में एकदम तिब्बती, मुझ भारतीय को देखकर अपना नाम बदल लिया!

—नहीं, सच मेरा नाम विष्णु है।

नाक बह रही है, मुँह कई दिनों से धोया नहीं, ज़रा-सी उम्र में इतना चालबाज़! मेरे साथ चलता जा रहा है और इधर-उधर पास ही घूम रहे साथियों को इशारे भी कर रहा है। सब तय है! मुझे छोड़कर वापस कहाँ उनसे मिलना है।

—तिब्बतियों में विष्णु नाम तो होता नहीं।

मैं जाने कैसे उसे तिब्बती माने बैठी हूँ।

—बीबी जी, मैं तिब्बती नहीं, नेपाली हूँ। मेरा बाप काठमांडू में काम करता है, माँ यहाँ गाँव में। पाँचवीं में पढ़ता हूँ।

वह अपना वंश-वृक्ष बता रहा है। सबके नाम बता रहा है। सब के सब हिन्दू नाम।

—चुप!

मुझे अब भी यक़ीन है, वह झूठ बोल रहा है।

—केशव, ज़रा मैडम को बता दे, मेरा नाम क्या है।

वह पास से गुज़र रहे अपनी उम्र के एक साथी को बुला लाया है। वह किसी दूसरे यात्री का बैग लिये पुल पार कर रहा था। उसे मालूम नहीं, किस बात की बहस है। छोटे से पुल पर काफ़ी गहमा-गहमी है।

—मैडम, इसका नाम रतन है।

—देखा, मैंने कहा था न, तुम झूठ बोल रहे हो?

—बीबी जी, वो मेरा छुटपन का नाम है। मेरा नाम विष्णु भी है, रतन भी।

—तुम्हारे दोस्त ने तो ऐसा कहा नहीं?

वह बहुत क्षुब्ध है।

अपने दोस्त को आती-जाती भीड़ में ढूँढ़ रहा है। दोनों तरफ़ से यात्री आ रहे हैं। कुछ देर बाद वह एक दूसरा कुली लड़का, सत्रह-अट्ठारह साल का, ले आता है। वह भी बोझा उठाये हुए है। उसकी पहचान का है।

—मैडम, इसका नाम विष्णु है। कहकर वह चलता बनता है।

बच्चा मुझे देख रहा है। मुझे यक़ीन हुआ कि नहीं।

—तुम्हें मालूम है, विष्णु कौन हैं?

—बीबी जी, विष्णु मैं हूँ।

—विष्णु भगवान हैं।

वह अब और भी परेशान है।

—विष्णु तो मैं हूँ।

—तुम्हारी माँ ने तुम्हें नहीं बताया, विष्णु भगवान हैं?

वह सिर हिलाता है।

—मैं नहीं कह रही थी, न तुम हिन्दू हो, न नेपाली।

बहस वापस वहीं पहुँच गई है।

वह पुल पर मेरे आगे-आगे जा रहा है। जो बड़ा लड़का अभी-अभी उसका नाम मुझे बताकर गया था, वह उसके पास चला गया है, उससे कुछ कह रहा है। दोनों ने बोझा उठा रखा है।

—डर *मत विष्णु। तू भगवान नहीं है।* वह उसका कंधा थपथपाता है।

पीछे आ रही मैं उनकी बात सुनती हूँ। लड़का फिर आगे चला गया है। विष्णु अभी भी परेशान है। कौन है वह?

अकेले भटकोगे तुम इस पृथ्वी पर।
मित्रहीन, बंधुहीन।
मरोगे एक साधारण मौत, गुमनाम।

गांधारी ने शाप दिया
श्रीकृष्ण को

महाभारत
स्त्री पर्व

उसके आते-जाते साथी उसे इशारे कर रहे हैं, वह उनकी दिशा में देखता तक नहीं। एकदम खोया हुआ है। इतने छोटे-से जीवन का इतना बड़ा संकट!

—विष्णु, कुछ पता चला, तुम कौन हो?

मैं पासपोर्ट चेकिंग की लाइन में खड़ी उसे दूर से पूछती हूँ। उसे मेरी हँसी से कितना कष्ट हो रहा है, वही जानता है।

किसी तरह हम जीप तक पहुँचे हैं। बच्चा बिलकुल गुमसुम है। मैं उसे उसकी मज़दूरी देती हूँ।

—कभी-कभी ऐसा हो जाता है विष्णु, उसके बालों को सहलाते हुए मैं कहती हूँ, *हमें पता नहीं चलता, हम कौन हैं... चिन्ता की क्या बात है? तू तो भगवान है।*

—ख़ाक भगवान हूँ!

कहते-कहते वह रोना-सा हो आया है।

—भगवान होता तो क्या यहाँ पड़ा होता!

अरे! इतनी-सी देर में अपनी दुर्दशा पर इसने इतना सोच डाला!

इसे क्या पता, इसके नाम वाले भगवान ने हर अवतार में शायद यही सोचा होगा!

9

आधे घंटे की दूरी लगभग तीन घंटे में तय करके हम झांग्मू शहर पहुँच गए हैं।

चीन की सीमा के भीतर पहला शहर। साढ़े सात हज़ार फ़ीट ऊँचाई।

शिमला और गैंग्टोक जैसा भूदृश्य।

आकार उसका क़स्बे वाला है, लेकिन जिस शानो-शौक़त से तरह-तरह की दुकानें सजी हैं, उसे शहर कहना ही सही होगा। रास्ते में ट्रकों के कारण ट्रैफ़िक जाम था। भारतीय नंबर प्लेटों वाले कई ट्रक हमारी जीप के आगे-आगे थे। पता नहीं, किस चीज़ का व्यापार होता है?

चीन में भारतीय ट्रक?

ट्रक भी कहाँ से कहाँ पहुँच जाते हैं!

देश तिब्बत का और राज चीन का है, यह पहुँचते ही साफ़ हो गया था। तिब्बती एप्रनों में औरतें चीनी लिपि के नाम वाली दुकानों के नीचे खड़ी थीं।

बारिश कभी धीमी, कभी तेज़ हो रही थी। एक और चेक पॉइंट से गुज़रकर हम बीच बाज़ार एक छोटी-सी सराय में आ गए थे।

जाना हमें आगे था, नियालम, लेकिन रास्ते में चट्टानें धसक गई थीं। दोनों तरफ़ से ट्रैफ़िक बन्द था। रास्ता कब साफ़ होगा, हमें कितनी देर इस सराय की रिसेप्शन पर ठहरना होगा, कुछ साफ़ न था।

छोटी-सी जगह में हम ठुँसे खड़े थे।

मालिक हमारे दल के लिए विशेष स्वागत उत्सुक न दिखा। हमारी कोई बुकिंग भी वहाँ न थी। हमारी ट्रैवल एजेंसी से उसका वास्ता पड़ता होगा। लिहाज़ा वह हमें सह रहा था, हमारे गीले कपड़ों और छातों को।

हम कभी बाहर कभी भीतर जा रहे थे। कहाँ जाएँ, किसी को कुछ पता न था।

ख़बर आई, रात दो बजे से पहले आवाजाही शुरू नहीं होगी। चीनी सेना चट्टानें हटा रही है, लेकिन बारिश बहुत तेज़ है, सो जल्दी ट्रैफ़िक खुलने की उम्मीद नहीं। दस बजे इसी सराय में भोजन मिलेगा, तब तक हम जो चाहें, करें।

अभी शाम के चार ही बजे थे। बारिश ऐसी न थी कि सड़क पर जा न सकें। सो हम छाते लिये अपनी-अपनी राह निकल गए।

कुछ देर दुकानें ताकने-झाँकने के बाद एक उजाड़ रेस्तराँ का दरवाज़ा मैंने खोला। शायद यहाँ मोमो मिल जाएँ! सुबह के चले-चले भूख लग आई थी।

एक तरफ़ टीवी चल रहा था। कोई चीनी पीरियड फ़िल्म दिखाई जा रही थी। राजा, रानी, सेना। चीन में इधर के वर्षों में, सुना, ऐतिहासिक फ़िल्मों की बाढ़-सी आई हुई है। कभी माओ ने चीनियों के दिमाग़ से राजवंशों का गौरव जड़ से निकाला था। अब फिर से उन्हें इतिहास के गौरवान्वित पन्ने दिखा-दिखा कर 'समझदार' बनाया जा रहा है!

कोने में अदृश्य-सा एक तिब्बती लड़का बैठा था। दूसरी मेज़ पर एक मज़दूर-सा हिन्दुस्तानी आदमी बैठा था। बाद में पता चला, नेपाली है, माँ तराई की है। पेशे से वह नाई था। दोनों की पुरानी जान-पहचान लगती थी।

दोनों फ़िल्म देखने में व्यस्त थे, जब मैंने मीनू कार्ड की माँग की। तिब्बती लड़का मेरा ऑर्डर रसोई में बताकर बाहर टहलने निकल गया।

कुछ देर बाद जब नेपाली की चावल-सब्ज़ी से भरी प्लेट आई और वह दोनों हाथों से छककर खाने लगा, उसके हाव-भाव जाँचते हुए मैंने अनुमान लगाया, यह आदमी काफ़ी उद्धत-उद्दंड होगा...

बात उसी ने शुरू की और एक बार की तो फिर रुका नहीं, खाना मुँह में डालते समय भी। बातें वह बड़ी दिलचस्प कर रहा था, सिर्फ़ अगर आँख मूँद करके उन्हें सुना जा सकता!

—कैलाश-मानसरोवर जा रहे हैं? बहुत अच्छा कर रहे हैं। बस खाने का ध्यान रखिएगा। किसी चीनी की दुकान पर न चले जाइएगा। क्या पता, क्या खिला दे! ये लोग कुछ भी खा लेते हैं। कुत्ता, बिल्ली, चूहा...

हम तो जब से आए हैं, इसी दुकान पर खाते हैं या एक और है, वहाँ पर। आज उससे झगड़ा हो गया तो यहाँ चले आए। झगड़ा क्या? साला भात माँगो तो दोबारा भात नहीं देता था। इन लोगों ने कभी ऐसा किया तो कहीं और चला जाएगा। वैसे रोज़ के आने वाले के लिए इन्हें ख़ुद ही सोचना चाहिए कि यहाँ भरपेट नहीं खाएगा, तो कहाँ खाएगा...

चीनियों की साँपवाली शराब देखी है आपने? बोतल में मरा साँप तैरता रहता है! मेरा एक साथी मुझसे ज़बरदस्ती कर रहा था। बड़ी मुश्किल से मैं बचा। कहा, रहने दे भाई, मरना होगा तो साँप से सीधे ही जाकर कटवा लूँगा...

डेढ़ साल पहले यहाँ आया था। वीज़ा-परमिट कुछ नहीं है। एक टोली आ रही थी। उसी की भीड़ में छुपकर इस पार आ गया। ऐसा क्यों किया? पैसा कमाने को! यहाँ थोड़ा-बहुत बच जाता है। कभी-कभी चेकिंग होती है। अभी तक तो बच गया हूँ... यही लोग छुपा देते हैं...

नहीं, चीनी भाषा का एक शब्द नहीं आता। उससे क्या? मुझे बाल काटना है, बातें थोड़े करनी हैं, बाल ठीक से काटना आना चाहिए, उसमें कोई पंगा हो जाए तो कोई नहीं बचा सकता...

आप मेरी बात पर हँस रही हैं? तीर्थयात्रा पर जा रही हैं, आपको कुछ पता है, यहाँ धर्म कितने ख़तरे में है? मुझसे पूछिए, किसी तरह डेढ़ साल से अपना धर्म बचाकर बैठा हूँ, कब चला जाए, कुछ ठिकाना है?

10

सराय में सत्संग चल रहा है।

भोजन के कमरे में जमावड़ा है। चेन्नई वाले महाराज जी कोई कथा सुना रहे हैं।

बीच में जब वे विश्राम लेते हैं, कोई दूसरा उनकी बात को पूरा करता है। लगता है, नये-पुराने सब भक्त एक साथ आए हैं। कुछ को उनके मुँह खोलने से पहले ही पता है, वह क्या कहेंगे। कुछ को वही-वही बातें सुनने की इच्छा है।

जब उनका कोई भक्त कुछ कह रहा होता है, स्वामी जी सिर हिलाते हुए अपनी छोटी-सी दाढ़ी पर हाथ फेरते बैठे रहते हैं। उन्हें उन सबका बहुत स्नेह, श्रद्धा मिली है, कोई भी देख सकता है। रात दो बजे तक वक़्त भी तो काटना है।

उनके दल के कई साथी हमें न्योतते हैं, ज़्यादातर रिटायर्ड पढ़े-लिखे लोग हैं, दम्पती या अकेले आदमी। महाराज जी स्वयं बहुत उम्र के नहीं, मुश्किल से पचास-बावन के। बातचीत तमिल में हो रही है, इसलिए किसी और दिन बैठक करेंगे।

एक और स्वामी जी भी हमारे दल में हैं, पंढरपुर से। पंढरपुर में इतनी बड़ी हस्ती हैं वह, कि उनसे मिलने को दो घंटे की लाइन लगती है। सरकार की तरफ़ से सुरक्षा

मिली हुई है... उनके साथ आए तीन-चार मराठी लोग हमें बताते हैं।

लेकिन स्वामी जी स्वयं कुछ नहीं बोलते। मंद-मंद मुस्काते रहते हैं, लिखकर बात करते हैं। इन दिनों अधिक मास में उनका वार्षिक मौनव्रत चल रहा है। चेन्नई वाले महाराज जी से वह बिलकुल अलग हैं। चेन्नई वाले महंत की तरह बैठे रहते हैं, उनके भक्त-जन भोजन की लाइन में लगकर उनकी थाली लाते हैं, उनका आसन झाड़कर उन्हें वहाँ बैठने को कहते हैं। पंढरपुर के स्वामी जी के साथ ये तीन-चार लोग न हों, तो कोई उनके बारे में कुछ जान ही न पाए। लाइन में लगकर ज़रा-सा भोजन लेते हैं और कोने में जाकर बैठ जाते हैं। पुराने समय के गुप्त ज्ञानियों जैसे हैं वह!

मैं कुछ हरारत और थकान में लौटी हूँ। इतनी मामूली रिमझिम के बावजूद मैं घुटनों से नीचे भीग गई हूँ। ठंड भी लग रही है।

पता नहीं, रास्ता खुला कि नहीं?

किस समय हमारे भोजन कक्ष में कैलाश से लौटे यात्रियों का टोला पहुँचकर हमारे साथ ही खाना खाने लगा है, कुछ पता नहीं चलता। लगता है, अब जल्द ही ट्रैफ़िक खुल जाएगा। बाहर तेज़ बारिश है।

कमरे में अजीब-सी उत्तेजना है। वे बताने को उत्सुक हैं, हम सुनने को।

—मौसम? अजी बहुत ख़राब था। हल्की बर्फ़बारी हो रही थी।

गोली खाये बग़ैर चल जाएगा? सोचना भी मत।

घोड़ा करें या याक? कुछ नहीं। दोनों में कोई भरोसे का नहीं। याक तो ग़ुस्से में आ जाए, खड्ड में गिराकर ही मानता है। इधर दो साल से घोड़े भी बहुत बदमाश हो गए हैं। गनीमत समझो, जो आपको ऊपर ले जाएँ। नीचे फिर अपनी टाँगों से...

आप तो शेरपा करना जी। ये थैला जो अभी हल्का लग रहा है, ये नहीं उठेगा वहाँ, शेरपा को दे देना। रास्ते जानते हैं वे।

धीरे-धीरे चलना। किसी से होड़ करने की ज़रूरत नहीं।

ज़्यादा बात भी मत करना। ताक़त ख़र्च होती है। ताक़त बचाना।

पानी पीते रहना। ख़ून पतला रहेगा।

पानी गरम कि ठंडा? कहते तो ये लोग गरम पीने को थे, लेकिन हमने तो ठंडा ही पिया। गरम से प्यास कहाँ बुझती है?

बन्दर टोपी ज़रूर पहने रहना। हवा कहीं से भी सिर में न घुस पाए। नाक या मुँह के पास अगर बर्फ़ ने काट लिया तो बहुत बुरा।

और गीले होने से बचना, बर्फ़ या बारिश में।

वाटरप्रूफ़ पैंट है कि नहीं आपके पास? नहीं है? जूते? मास्क? टॉर्च? आगे नियालम जाकर सब ज़रूर ले लेना। याद रखना, इसके बाद कहीं कुछ नहीं मिलने वाला।

और हाँ, परिक्रमा करते वक़्त दो पैंटें पहनना, एक के ऊपर दूसरी। एक पैंट साथ बैग में रखना। एक पैंट से नहीं चलेगा। ऊपर ठंड बहुत है। गीले हो जाओ तो तुरन्त बदल लेना। नहीं, शरम की क्या बात है? आप अकेले तो गीले होंगे नहीं। जैसे सब बदलेंगे, आप भी बदल लेना।

काला चश्मा ज़रूर लगाये रहना, नहीं तो बर्फ़ देख-देख अंधापन आ सकता है।

रात को नींद न आए, सिरदर्द हो तो घबराना नहीं, बुरे सपने आना भी आम बात है। बस याद रखना, दिन में नींद नहीं आनी चाहिए। ट्रेकिंग के वक़्त नींद का मतलब है, दिमाग़ में ऑक्सीजन की कमी हो रही है। कैसे भी हो, आपको चलते रहना है। जो रुका, वो मरा।

हम कर तो पाएँगे?

—जी, थोड़ी-बहुत तकलीफ़ तो सहनी ही पड़ती है। आख़िर आप कैलाश जा रहे हो, लद्दाख या शिमला नहीं।

(डोल्मा-ला की ऊँचाई एवरेस्ट बेस कैम्प से भी बारह सौ फ़ीट ज़्यादा है!)

आप तो ये सोचो जी, आप भोले शंकर के घर जा रहे हो। कितने लोग गए हैं

चिंगारी उड़ेगी अगर
तो समझ लूँगी
मिट गई है मेरी भूख-प्यास

फटेगा अगर आसमान
समझ लूँगी
मेरे नहाने को बह आया है वह

फिसल पड़ेगी पहाड़ी अगर मुझ पर
तो समझ लूँगी
मेरे बालों का फूल है वह

जिस दिन गिरेगा मेरा सिर
कंधों से छिटक कर
समझूँगी तुम्हारी भेंट चढ़ा,
ओ मल्लिकार्जुन!

अक्का महादेवी

वहाँ? बुलावा आया है, तभी जा रहे हो न? और अगर शंकर जी ने वहाँ रख भी लिया, तो क्या बुरा है?

लौटोगे, तो क़िस्मतवाले। न लौटे तो और भी क़िस्मतवाले! और कोई ऐसी यात्रा सुनी है आपने?

वैसे... कहते हैं, पिछले हफ़्ते एक चालीस साल का आदमी ऊपर मर गया डोल्मा-ला में! आजकल कुछ पता नहीं चलता जी। जानेवाला तो चला गया, पर मुर्दे की बड़ी फ़ज़ीहत है।

उनकी एजेंसी वालों के पास बॉडी बैग तक नहीं था। आप ही के पास तो हैं जी?

11

कोई मेरी टाँग काट रहा है, घुटने के नीचे।

—ये तो गल गई एकदम, बुरा फ्रास्ट बाइट है।

आँख खुल गई, अच्छा हुआ, नहीं तो सपने में पूरी टाँग ही कट जाती!

कहाँ हैं हम? रूबी? पंकुल?

—रास्ते में। आप तो गाड़ी में बैठते ही सो गई थीं!

पिछले दो घंटे से हम यहाँ रुके हुए हैं...

—टाइम क्या है?

—सुबह के साढ़े चार बजे।

पता चला, झांग्मू से जब हम तेज़ बरसात में चले थे, रात दो बजे, तो क़रीब आधा घंटे बाद फिर रास्ता रुक गया था। आगे एक और चट्टान नीचे आन गिरी थी। अब चीनी सेना उसे साफ़ करने में लगी थी।

हम एकदम घुप्प अँधेरे में खड़े थे। बीस-पच्चीस गाड़ियाँ थीं, फिर भी ड्राइवर बड़े चिन्तित नज़र आ रहे थे। बार-बार जैसे वे एक-दूसरे की गाड़ी तक जा रहे थे, पूछताछ करने, उससे लगता नहीं था, यह रोज़ वाली घटना है।

घुटना मेरा चीख़ रहा था। उससे नीचे बहुत दर्द था। शायद रक्त संचार ठीक से नहीं हो रहा था।

क़रीब बाईस घंटे पहले मैंने जो ट्रेकिंग जूते कसे थे, अभी तक वैसे ही थे। रूपा ने ही कहा था, अभी से पहनना शुरू कर दो, ताकि खुल जाएँ। अब वे मेरे पैर के साथ खुलने की बजाय मुझे सिकोड़ रहे थे...

क्या करूँ? बाहर जा नहीं सकते, बारिश है। अन्दर ठंड है। सिर जकड़ा जा रहा है। अगर जूते खोल दिये तो पैर ठंड न खा जाएँ! अभी-अभी टाँग सपने में कट रही थी। कहीं सचमुच ही न...

ड्राइवर के साथ लैंडक्रूज़र की अगली सीट पर बैठी हूँ, पीछे रूबी, पंकुल। इससे पहले एजेंसी का एक आदमी भी बैठा हुआ था। उसका अपना रोना था।

—चीनी नहीं चाहते, आपस में हमारा मेल-मिलाप हो।

'मेल-मिलाप' शब्द पर उसका ख़ास जोर था।

—हर बार नये-नये ड्राइवर भेजते हैं, जानबूझकर ऐसे, जिन्हें एक शब्द अंग्रेज़ी का आता न हो। बोल पाएँगे, तो बात करेंगे न। बात हो ही न पाए, मेल-मिलाप हो न पाए, इसलिए उन्हें अंग्रेज़ी सीखने ही न दो। दौड़ते रहें, एक रास्ते से दूसरे रास्ते।

ड्राइवर मूँछों वाला, कुछ सख़्त से चेहरे वाला था।

ल्हासा की एजेंसी से आया था। ज़रूर चीनी जासूस होगा, मेरा अनुमान था। (बाद में वह तिब्बती निकला!)

पता चला, तिब्बतियों के हमसे मेल-मिलाप से चीन को क्या ख़तरा था। सारे समूह में किसी को तिब्बत समस्या से कुछ लेना-देना ही न था। भारतीय जत्थे मत्था टेकने आते हैं, टेकने दो...

—क्या यह हीटर खोल सकते हैं प्लीज़?

मैंने ड्राइवर से अंग्रेज़ी में कहा था। उसे कुछ समझ में न आया, क्या कह रही हूँ। मैंने एसी की जाली की तरफ़ इशारा भी किया।

कुछ देर बाद उसने अनिल कपूर की किसी पुरानी फ़िल्म का डांस नम्बर लगाया, छोटे आकार की टीवी पर, तो समझ में न आया, माजरा क्या है। हीटर नहीं चलाना था, न सही, लेकिन सुबह साढ़े चार बजे वह गाने क्यों बजा रहा है?

मैंने बेहाली में सिर हिलाया, तो उसने चार-पाँच और भारतीय सीडी सामने कर दिये। यहाँ टाँग में कोई नस फटकर ही रहेगी। हताश, मैं आँखें बन्द करके रह गई।

हे ईश्वर, अभी तक तो टाँग और ठंड का ही दुख था, अब फ़िल्मी गानों का भी आ गया!

इसका गला न मरोड़ दूँ! कैसे सीटी बजा रहा है। मेरी टाँग तभी ठीक होगी, जब मैं इसकी सीटी ठीक करूँ...

तभी ध्यान आया, कहीं यह मुझे वेलकम तो नहीं कर रहा? वरना इस बेचारे को ये हिन्दी गाने क्या ख़ाक समझ में आ रहे हैं! एसी के ठीक ऊपर म्यूज़िक सिस्टम है, इसने यही समझा होगा कि मैं इसे गाने लगाने को कह रही हूँ। ज़रूर यही बात है। इस भली जान को पता ही नहीं है कि मैं इससे ठंड भगाने को कह रही थी...

बड़ी मुश्किल से मैंने उसे दिल ही दिल माफ़ किया। उससे माफ़ी माँगी।

और जैसे ही यह किया, रास्ता खुल गया! गाड़ियाँ चल पड़ीं।

इसे कहते हैं, अपने पाप-कर्म को बीच में काट देना!

यह जो हिमालय है

रुकावट हो कहीं अगर
उसे व्योम नहीं कह सकते
गिनने में आते हों जो
सितारे नहीं कह सकते उन्हें
हिलता-डुलता हो यदि वह
पर्वत उसे कह नहीं सकते

मिलारेपा

12

नियालम हमें दो रात रहना था।

एक रात ट्रैफ़िक जाम में ही कट गई थी। एक दिन और रात बचे थे, ऊँचाई के अभ्यस्त होने के लिए।

ग्यारह हज़ार फ़ीट पर हम आ गए थे। तिमंज़िला क़िस्म का कोई मुसाफ़िरख़ाना था। चार या छह बिस्तरों वाले कमरे। टॉयलेट गलियारे के आखीर में थे। नहाना बारह-तेरह दिन की सारी यात्रा में शायद न हो पाए, नेपाल में ही कह दिया गया था।

चार बिस्तर वाले एक कमरे में रहने के लिए हमारे साथ रूपा भी आ गई थी। जीप में वह अपने बैंगलौर के फ़िल्मी साथियों के साथ थी, कमरा उसे हमारे साथ मिला। सारी यात्रा में यही रहा। उसी के माध्यम से हमें बाक़ी जत्थे की ख़बरें मिलतीं। उत्तर भारत, दिल्ली से, सिर्फ़ हम तीन लोग थे।

नियालम पहुँचकर सबसे ज़्यादा फ़िक्र ख़रीदारी की ही थी। नीचे एक लम्बी-सी, क़स्बे की इकलौती सड़क थी। उसके दोनों ओर छोटी-मोटी दुकानें थीं।

बाक़ी चीज़ें तो मिल गईं, वॉटरप्रूफ़ पैंट न मिली। पिछली रात भीगने से जो मेरी

हालत हुई थी, उसके बाद बिना वॉटरप्रूफ़ पैंट के ही कैलाश चले जाना जानलेवा लग रहा था। एक दुकान में एक डाउन पैंट (रुई के भराव वाली) दिखी, वही ले ली। दुकानदार ने तो कहा था, पानी नहीं टिकेगा, साथियों का कहना था, भीगकर यह ऐसी मोटी और भारी हो जाएगी, कि आप चल नहीं पाएँगी। इतनी भारी पैंट के नीचे दूसरी पैंट नहीं पहनी जाएगी, यह भी दिख रहा था।

करें क्या? ले ली है अब। आगे पहुँचकर देखा जाएगा।

दोपहर हुई तो हमारे नेपाली गाइड ने पूछा,

—आप मिलारेपा की गुफा देखने जाएँगे या ऊपर पहाड़ी पर सैर करने?

—मिलारेपा की गुफा यहाँ है?

दस-बारह किलोमीटर की दूरी पर गुफा थी। गाड़ी से जाना था।

मिलारेपा, तिब्बत के सबसे बड़े संत कवि। ग्यारहवीं शताब्दी के। छुटपन में अनाथ हो गए थे। माँ के साथ बहुत बुरा हुआ। फिर उन्होंने जादू सीखा था, माँ के ताड़कों को सबक़ देने के लिए। बुरा तो कर लिया, लेकिन पश्चात्ताप से भर गए। गीत गाते घूमे। फिर गुरु मारपा की मदद से इन्हीं जादुई शक्तियों को उन्होंने आध्यात्मिक साधना में परिष्कृत किया। आज भी तिब्बत में उनके गीत गाये जाते हैं।

पारम्परिक तिब्बती थंका चित्रों में प्रायः दो साधक दिखते हैं। साधना की मुद्रा में बैठे हुए गुरु पद्मसम्भव। (तिब्बत में बौद्ध धर्म फैलाने का श्रेय उन्हीं को है, आठवीं शताब्दी में भारत से गए तांत्रिक गुरु।) और इकतारे जैसे वाद्य के साथ कान पर हाथ टिकाकर गाते हुए मिलारेपा।

दिल्ली से ही मैं उस गुफा के दर्शन करने को उत्सुक थी। हम सब मिलारेपा के

गोम्पा तक गए भी, गुफा का रास्ता गोम्पा के भीतर से ही था, दरवाज़े पर ताला होने के कारण वहाँ तक नहीं जा पाए। नीचे पुनरुद्धार का काम चल रहा था, गुफा दर्शकों के लिए बन्द थी। बहुत सम्भव है, सांस्कृतिक क्रान्ति के दौर में बुरी तरह क्षतिग्रस्त भी हुई हो।

कैलाश से लौटते समय जब ठीक वहीं ट्रैफ़िक जाम मिला तो हल्की-सी उम्मीद हुई, शायद हमें मिलारेपा की गुफा के दर्शन होने के लिए ही यह संयोग बना हो। लेकिन गए तो ताले वैसे के वैसे लगे थे...

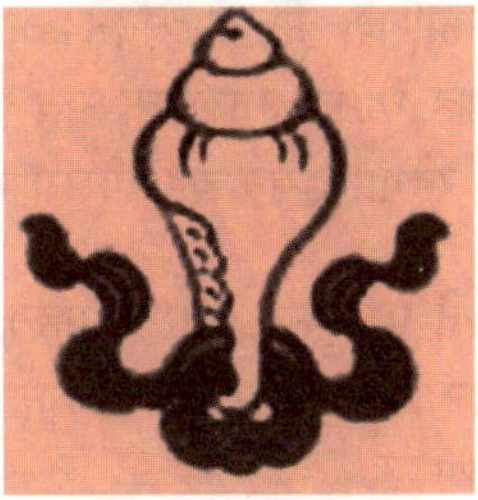

शाम भोजन के कमरे में पहुँचे तो मिस्टर राजेन्द्र सिंह बाबू, फ़िल्म डायरेक्टर, नाक पर मास्क लगाये हुए मिले।

उसी सुबह उनसे थोड़ा-सा परिचय हो चुका था। रूपा ने बताया था, तुमसे मिलना चाहते हैं। उन्होंने कुछ बहुत अच्छी फ़िल्में बनाई हैं, उनकी एक कन्नड़ फ़िल्म कान फ़िल्म समारोह में भी दिखाई जा चुकी थी।

कैलाश-मानसरोवर यात्रा पर एक फ़ीचर फ़िल्म बनाने की उनकी चाह थी। बोले,

—अभी सोच रहा हूँ, प्रेम कहानी हो या पारिवारिक फ़िल्म! रास्ता देखने आया हूँ। दो साल लगेंगे पटकथा तैयार करने में। फिर शूटिंग में ज़्यादा समय नहीं। चीनियों से अनुमति भी लेनी होगी। एक मार्क्सवादी नेता उनके रिश्तेदार थे, बोले, *उनके रहते मुश्किल तो नहीं होनी चाहिए!*

मैं हूँ-हाँ करती रही। मन में डरती रही, ये नहीं तो कोई और अब मानसरोवर पर फ़िल्म बनाकर रहेगा।

शाम को मिलते ही मिस्टर बाबू ने पूछा,

—आपने मास्क ले लिया कि नहीं?

(वह स्वयं मास्क पहने हुए थे, उसी के नीचे से बोल रहे थे...)

—ले लिया? तो फिर पहनकर प्रैक्टिस करना शुरू करिए। आपको मालूम है, तिब्बत की मिट्टी बड़ी महीन है, फेफड़ों में चली गई तो अस्थमा हो जाएगा। रास्ते में मास्क बिलकुल न उतारें। मैं तो कहूँगा, रात को भी पहने रहें, ताकि मास्क में से साँस लेने की आदत पड़ जाए।

(जो कि नहीं ही पड़ी। काफ़ी कोशिश की, कई दिन। अन्दर मास्क में, बाहर मिट्टी में दम घुटता था। मध्य मार्ग यह था कि गाड़ी के सब शीशे बन्द रखे जाएँ। यानी, दम तो हर तरह से घुटकर ही रहेगा! हमने यह तीसरा उपाय पसन्द किया।)

अगली सुबह मिस्टर बाबू नाश्ते पर मिले, मास्क पहने, तो उन्होंने बात करने की बजाय सिर झुकाकर अभिवादन किया और चुपचाप नाश्ते में लग गए। बस उतनी देर को उन्होंने मास्क हटाया था।

—क्या हुआ? रूपा से मैंने पूछा।

—शी... उन्हें बुलाओ मत। मौनव्रत कर रहे हैं, ताक़त बचाने की प्रैक्टिस अभी से...

मैंने बड़ी प्रशंसा से उनकी तरफ़ देखा, लेकिन तभी रूपा और मेरी नज़र मिली और देखते ही देखते हम हँसी से लोटपोट थीं।

बीती शाम रूपा के पीछे-पीछे हम चेन्नई वालों के सत्संग में खिंचे चले गए। बड़ी मधुर गायन की आवाज़ आ रही थी।

पहुँचे, तो पता चला, दोपहर भर से गा रहे थे (जब हम शॉपिंग कर रहे थे)। अब

गाना नहीं, चर्चा होगी।

गाना तो हमें न समझ में आता, तो भी सुनते रहते, चर्चा कैसे सुनें? सब बन्धुओं ने बड़े स्नेह से हमारा स्वागत किया था, एक ने कुछ देर अंग्रेज़ी में अनुवाद भी किया। स्वयं स्वामी जी हमें बातचीत में शामिल करने की ख़ातिर एक-दो वाक्य अंग्रेज़ी में कहते, लेकिन बात की रौ तमिल में थी, हम टुकड़ों में जो पकड़ पाए, उसी से काम चलाते रहे।

बीच-बीच में स्वामी जी बड़े प्रेम से हम लोगों को देख लेते, हमारे वहाँ रुकने के लिए यही काफ़ी था। एक बार मैंने टोककर अंग्रेज़ी में स्वामी जी से पूछा, कैलाश की महिमा के बारे में कुछ बताएँगे? लेकिन चर्चा कुछ और ही चल रही थी।

स्वामी जी ने दाढ़ी पर हाथ फेरते हुए तमिल में कुछ कहा, उनके एक तत्पर भक्त ने कहा, *मानसरोवर में बताएँगे, कह रहे हैं।*

चर्चा मानसरोवर जाकर होने वाली पूजा की हो रही थी।

स्वामी जी से विमर्श हो रहा था, पूजा में सबके प्रियजनों के नाम से संकल्प कैसे लिया जाए? सबके पास बीस-बीस नाम थे। जो प्रियजन नहीं आ पाए थे, उनकी ओर से भी प्रार्थना होनी थी।

तय हुआ, सब लोग काग़ज़ पर नाम लिखकर यज्ञ वेदी के पास पर्चियाँ रख दें। पर्चियों में किनके नाम लिखे हैं, भगवान नहीं समझेंगे, तो कौन समझेगा?

—आप लोग चाहें, तो आप भी अपने नाम दे दें।

एक तमिल बन्धु ने कहा।

—ये अपनी पूजा अलग करेंगी। मैं इनकी पूजा करने वाली हूँ। रूपा ने तुरन्त उन्हें बताया।

मिस्टर बाबू ने सुबह ही कहा था, *छोटी-मोटी पंडितानी तो आपकी रूम मेट ही है, आपको पुरोहित क्या करना है!*

बात ठीक थी।

रूपा को कन्नड़ अक्षरों वाली एक किताब से हर सुबह सस्वर प्रार्थना-मंत्र पढ़ते

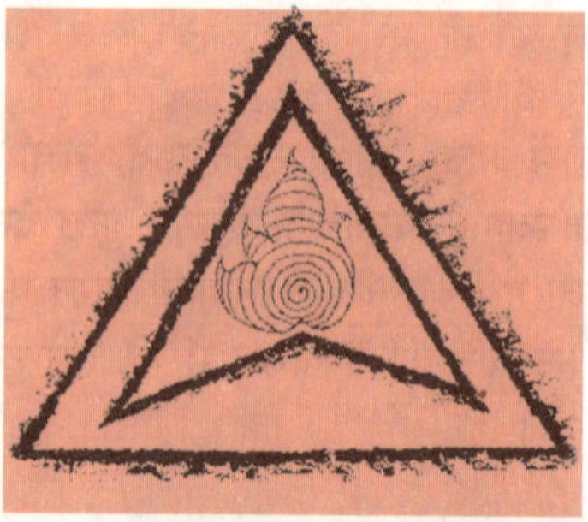

हुए मैं देख चुकी थी। उसके मंत्र-पाठ में जो तेजस्विता होगी, वह किसी प्रोफ़ेशनल पुरोहित में नहीं हो सकती। फिर वह मुझे जानती थी, जिनके लिए (निर्मल) प्रार्थना होनी थी, उनके बारे में मुझसे सुन चुकी थी। (निर्मल ज्ञानपीठ से सम्मानित थे, इससे ही वह बहुत प्रभावित थी।)

निर्मल स्वयं होते तो वह भी किसी पंडित की बजाय इस लड़की की प्रार्थना को चुनते।

—तुम चिन्ता मत करो। निर्मल जी के लिए प्रार्थना करना मेरे लिए सम्मान की बात होगी...

बड़े उत्साह से रूपा मेरी पुरोहितानी हो गई थी। होम करने का कोई सामान मेरे पास न था। बल्कि दिल्ली से चलते समय मुझे आशंका थी कि सम्भव है, वहाँ आग जलाने की अनुमति ही न हो। हवा में ऑक्सीजन वैसे ही कम थी।

जब पता चला कि हम पूजा कर सकते हैं, तो सामान ढूँढ़ने बैठे। घी क्या होता है, नियालम की किसी दुकान वाले को पता न था। पेड़ इस जगह वैसे ही नहीं थे, कि सूखी लकड़ी बीन लाते।

झांग्मू में जो समूह हमें मिला था, उसने एक अजीब बात बताई थी। उनके स्वामी जी

ने पूजा में सारे ग्रुप की बेंतें ही होम दी थीं, जिनके सहारे सब लोगों को परिक्रमा करनी थी... बाद में जो मुश्किल हुई, सो अलग।

अब क्या करें?

—*तुम चिन्ता मत करो। मैं सब कर लूँगी।* रूपा ने कहा।

13

नियालम की मुख्य सड़क मुश्किल से दो किलोमीटर लम्बी थी। अगली सुबह उसे पार करके क़स्बे से बाहर पहुँचे तो सड़क नाम की चीज़ नदारद थी।

अब हमें अगले तीन दिन तिब्बत की मिट्टी पर अपना रास्ता बनाना था। रोज़ ढाई-तीन सौ किलोमीटर का सफ़र करके ही हम मानसरोवर पहुँचने वाले थे।

नियालम के बाहर पहुँचते ही ट्रैफ़िक जाम मिला। आगे ल्हासा जाने वाली सड़क बन रही थी। क्रेन की फेरी ख़त्म होने पर ही गाड़ियाँ जा सकती थीं। हम एक छोटे से पहाड़ को इधर से उधर ढोने का दृश्य देखते रहे।

—यह सड़क बन जाएगी, तो बड़ी सहूलियत हो जाएगी।

हमारी गाड़ी में बैठे एजेंट ने कहा।

नियालम ल्हासा-नेपाल के मुख्य रास्ते में पड़ता था।

—कितनी दूर है ल्हासा यहाँ से?

—ज़्यादा नहीं, कोई छह सौ किलोमीटर।

—बस?

—लेकिन जा नहीं सकते, वहाँ के लिए अलग परमिट चाहिए। अभी आपका परमिट उन्नीस दिन के लिए है, सिर्फ़ कैलाश-मानसरोवर के रास्ते के लिए। आपको यहाँ से बाहर निकालना हमारी ज़िम्मेवारी है।

मेरी बात भाँपकर वह बोला।

यह आदमी शुरू से ही मुझे अच्छा नहीं लगा था। अजीब कड़वा-सा था। और कोई होता, तो कहता, पता करते हैं।

मैं कुछ नहीं बोली।

सुन्दर बात यह थी कि मैं आगे की सीट पर बैठी थी, चलती गाड़ी में वहाँ से दृश्य कुछ अलग ही दिखता था। बार-बार लगता था, जैसे हम एक पेंटिंग से निकलकर दूसरी में प्रवेश कर रहे हों। रामकुमार की पेंटिंग्स और सल्वाडोर डाली का कैनवस से बाहर पाँव रखने वाला अनुभव मिल गए थे...

हम पश्चिम को जा रहे थे। हमारे बाईं ओर हिमालय की शृंखलाएँ थीं। नंदादेवी, धौलागिरि... भारत कहीं उनके पीछे था। हम इस तरफ़ थे। तिब्बत की तरफ़।

भारत में हिमालय के पर्वतों को देखो तो कैसे दुर्दम्य दीखते हैं... विश्वास नहीं हो रहा था, उतने ऊँचे पहाड़ों के ठीक पीछे ये पठार होगा। दूर-दूर तक रेगिस्तान जैसा फैला हुआ।

अब हिमालय के पीछे यह दृश्य था और इस दृश्य में हम!

चारों तरफ़ तेज़ धूप बिखरी थी। पेड़ या वनस्पति का नामो-निशान न था। मटमैली ज़मीन, हल्का नीला आसमान। कि तभी दाईं ओर, आँख की कोर में फ़िरोज़ी रंग उभरना शुरू हुआ। न नीला, न हरा, फ़िरोज़ी। टरकॉयज़!

कोई नदी है क्या? कौन सी नदी?

कोई सैकड़ों मील लम्बी वह सुन्दर सर्पिल धारा हमारी गाड़ी के साथ-साथ दिन भर चली। ऐसी मोहने वाली। दिल निकाल लेने वाली। क्या चीज़ है यह?

तिब्बत का नक़्शा निकाला, तो पता चला, उसका नाम है, पीको-त्सो। त्सो यानी झील। इतनी लम्बी झील? नदी जितनी! ऐसी झील मैंने कभी न देखी थी...

तिब्बत के नक़्शे पर ऐसी जाने कितनी ही सुन्दर फ़िरोज़ी, महान झीलें बिखरी पड़ी थीं। हमने तो अभी एक ही देखी थी...

यह पुण्यभूमि है, देवलोक या कोई आश्चर्यलोक?

जो भी था, मैं पूरी तरह उसके मोहपाश में थी।

बर्फ़ से लदे पर्वतों की दीवारें, नीला आसमान हमारा तंबू, जहाँ हम दोपहर के भोजन के लिए रुके।

गाड़ियाँ क़ाफ़िले में होते हुए भी क़ाफ़िले में न थीं। गाड़ी के चलने से बारीक मिट्टी इतनी उड़ती थी कि हर गाड़ी रफ़्तार का अपना एकान्त ढूँढ़ लेती थी। न एक-दूसरे से ओझल, न एक-दूसरे के पास।

न जाने कितनी उथली जलधाराओं में से हमारी लैंडक्रूज़र निकली होगी। विचित्र बात यह थी इस भूदृश्य में, कि यहाँ नदियाँ उथली, झीलें गहरी थीं... झीलों का पानी बह नहीं पाता, क्या इसलिए?

ब्रह्मपुत्र की धारा कब निकल गई, हमें पता ही नहीं चला।

ऐसे वीराने में ये ड्राइवर और शेरपा तय कैसे करते होंगे कि इन्हें कहाँ मिलना है? मैं ड्राइव कर रही होऊँ, तो इस दृश्य में दिशा कभी न समझ पाऊँ...

जैसे ओस सूख जाती है
सुबह होने पर
पाप सूख जाते हैं
हिमालय दर्शन होने पर

स्कन्द पुराण

दो-एक गाड़ियाँ पहले से पहुँची हुई थीं। भोजन का ट्रक भी आ चुका था। हम पहुँचे, तो पिकनिक का पूरा इन्तज़ाम था।

तभी किसी ने कहा, *वह देखो, गणपति!*

सामने ही पहाड़ की चोटी पर बर्फ़ में गणेश जी साफ़-साफ़ बने थे!

हाथी के कान, सूँड़, लम्बी, अधखुली आँखें... जैसे काजल की रेखा से खिंची हुईं। बिलकुल जैसे मुम्बई की गणेश उत्सव वाली मूर्तियों में से उठकर गणपति आ गए हों...

गणेश जी के दाएँ और बाएँ के पहाड़ों पर बर्फ़ में दो और मूर्तियाँ थीं, योगी जान पड़ते थे।

—ये एक हज़ार वर्षों से यहाँ तप कर रहे हैं।

हमारे एक तिब्बती शेरपा ने कहा।

यानी, जो हम देख रहे थे, वह भ्रम नहीं था। सभी को यही दिखाई दे रहा था। गणेश जी और दो योगी। बर्फ़ के पहाड़ में।

भगवान शिव के घर जा रहे हैं, और उनके विघ्न-विनाशक पुत्र ने दर्शन दे दिये...

एक फोड़े की तरह बह आया यह मन...

एक तसवीर तो ले लूँ, अचानक ध्यान आया।

नहीं तो कोई मानेगा ही नहीं, कि यह सचमुच हुआ था!

14

पता नहीं कब हम तीन हज़ार फ़ीट की ऊँचाई चढ़ आए थे।

रास्ते में न कोई दर्रा पड़ा था, न कहीं ज्यादा ऊँचाई ही। सर्पीली सड़कें ज़रूर आई थीं, मामूली। लेकिन गाड़ी सागा पहुँची, चौदह हज़ार फ़ीट की ऊँचाई पर, तो अचानक साँस उखड़ती-सी लगी। थकान होगी, उस समय यही लगा था। अगर कहीं बाथरूम मिल जाए, नहा लें...

दिल्ली में यही आदत थी। हर बीमारी का इलाज—स्नान। नींद बहुत आ रही है, नींद नहीं आ रही है, दिल उदास है, सिर में माइग्रेन है, पाँव थके हैं, कहीं जाना है, जाने का मन नहीं है, कहीं से लौटी हूँ—स्नान!

एक भयंकर गंदी और दरिद्र सराय में हमें ले आया गया था। आँगन के इस तरफ़ फ़टेहाल चार बिस्तर वाले कमरे थे। दूसरे छोर पर टॉयलेट थे, कच्चे। भारतीय संडास जैसी चौकियाँ बनी थीं। मैंने देखा, तो भागी...

टॉयलेट के सदमे के बाद स्नान की हुड़क और भी बढ़ गई। केलसांग, हमारे ल्हासा

से आए तिब्बती गाइड ने कहा,

—दीदी, आप चिन्ता न करें, बाहर मुख्य बाज़ार है, वहाँ नहानघर की दुकान है, शॉवर के कैबिन बने हैं, सब इन्तज़ाम हो जाएगा...

मुझे हैरानी हुई, वह इतनी साफ़ हिन्दी बोल रहा था!

—हिन्दी कहाँ सीखी?

—वहीं ल्हासा में।

काफ़ी पका हुआ गाइड था। उम्र ज़्यादा नहीं थी, पैंतीस के क़रीब, लेकिन चेहरा ऐसा जो कई विकट परिस्थितियों में से गुज़र चुका था। वह अच्छा इंसान होगा या बुरा, कुछ पता न चलता था, लेकिन 'बच जाने वाली प्रजाति' का है, यह साफ़ दिखता था।

मुझे सारी यात्रा में उसने 'दीदी' ही कहा और इस नाते उससे मेरी ममता भी बनी रही। *आप ल्हासा आएँगी, तो मैं ख़ुद आपको एयरपोर्ट लेने आऊँगा,* यात्रा के दौरान एक बार उसने कहा था।

एक आवारा-सी लगती, सराय में नौकर तिब्बती लड़की को उसने मेरे साथ कर दिया। नहानघर तक छोड़ आने को। आवारा है या धंधा करती है, इसका शक इसलिए हुआ, कि डेढ़ फ़र्लांग के उस छोटे-से फ़ासले में कई आते-जाते आदमियों ने उसे छुआ, अपनी तरफ़ खींचा...

उस शाम उस तरह की कई लड़कियाँ दिखीं, भद्दे होंठों वाली, कहने को दुकानों में सेल्सगर्ल्स, पर असल में ख़ुद को ही प्रस्तुत करती हुईं...

एक जगह मुझे प्रार्थना ध्वज लेने थे, कैलाश-मानसरोवर की पूजा के लिए। लड़की का चेहरा देखा, तो बाहर आ गई। नहीं, यहाँ से नहीं।

ये वैसी वेश्याएँ नहीं थीं, जो मजबूर हों। ये पक गई थीं, चुड़ैलें हो गई थीं...बीभत्स...

वे इतनी बुरी इसलिए भी लगीं, कि उन्हीं दुकानों के पीछे से कभी-कभार कोई सुन्दर सौम्य चेहरे वाली तिब्बती महिला, अपने छोटे बच्चे को पकड़ती-पकड़ती बाहर आ

सबसे बड़ा व्यभिचारी है
वह ऊपर वाला, स्वयं ईश्वर,
क्योंकि हर किसी का वह
मित्र है दूसरों से बढ़कर,
सबको उपलब्ध है सदा,
उसके प्रेम का सोता,
सूखने में नहीं आता।

बॉदलेयर
इंटीमेट जर्नल्स

जाती थी... धारीदार एप्रन पहने... खोई हुई, किसी दूसरी दुनिया का चेहरा लिये हुई...

दलाई लामा की प्रजा का ये हाल! किसको दोष दें?

सांत्वना यह देखकर हुई, कि भले सागा में चीनी सैनिकों की छावनी थी, सैनिक सड़कों पर घूम भी रहे थे, किसी-किसी दुकान के आगे अभी भी कोई अकेला तिब्बती बैठा था, शाम के धुँधलके में प्रार्थना-मंत्र का झुनझुना घुमाता। इस विकट काल से परे, किसी दूसरे समय में, किसी दूसरी शक्ति के सामने स्वयं को समर्पित करता हुआ...

15

—हम यहाँ क्या करने आ गए हैं?

क्या दिल्ली में हम ये हाँकना चाहते थे, कि देखो, मानसरोवर जाकर आए हैं? कहीं रुक ही नहीं रहे हम। रोज़ सुबह से लेकर शाम तक गाड़ी में बैठे रहो, जैसे ही कुछ देखने-सोचने का समय आए, फिर चल पड़ो। इतनी गन्दगी है यहाँ। पहाड़ याद नहीं रहता, गन्दगी आँखों के आगे छायी रहती है। सिर में दर्द है रात भर से। चक्कर आ रहे हैं। उल्टी हो नहीं रही... क्या हमने यहाँ आकर ठीक किया?

सुबह-सुबह पंकुल कहता है।

सच तो यह है, कि रात भर से मैं भी यही सोच रही हूँ। मुझे भी अजीब घुमेरी आ रही है।

समय बिताने हम फिर सागा के बाज़ार की सड़क पर आ गए हैं। अभी दुकानें नहीं खुलीं। क्या करें?

साँस की तकलीफ़ नहीं, अजीब-सी बेचैनी है। न बैठकर चैन है, न घूमकर। पिंजरे में बन्द जानवर वाली हालत है हमारी।

—लौट जाएँ? घर वाले क्या कहेंगे?

—मेरे घर में तो कोई नहीं बैठा...

तुरन्त लानत भेजती हूँ अपने पर। कुछ याद है, यहाँ क्यों आई हूँ? अभी भी निर्मल का स्वेटर पहन रखा है...

—देखो भाई, अब तो जैसा भी है, जाएँगे तो सही।

एक-दूसरे से यही सुनना चाहते हैं हम। बीच रास्ते इतना बड़ा संशय? एक-दूसरे से न कहें तो किससे कहें?

रूपा को बताती हूँ, तो कहती है, *मुझे भी सुबह से यही सब हो रहा था...*

—क्या?

—शक हो रहा था कि आकर ठीक किया क्या?

—कम ऑन रूपा, वो लोग तो भगवान को मानते नहीं, तुम...

—पता है, मुझे लग रहा है, भगवान ही हमें संशय में डाल रहा है! वही इस तरह की परीक्षाएँ लेता है।

ठीक ही तो कह रही है।

रेगिस्तान में जीसस को शैतान ने घेरा था कि नहीं? जीसस ने उसे लाठी मारी तो साँप बनकर भाग गया... टी.एस. इलियट की कविता में आता भी है, *वर्ड इन द डेज़र्ट इज़ मोस्ट अटैक्ड बाय टेंपटेशन...*

हमारे गौतम सिद्धार्थ को ही लो। कैसी भयानक थी युद्ध की वह रात, मार के साथ। पृथ्वी को छूकर उन्होंने इस युद्ध का साक्षी बनाया, तो धरती एक तरफ़ झुक गई, दूसरी बार साक्षी बनाया तो दूसरी तरफ़ झुक गई...

—ईश्वर हमारे मन की परीक्षा ले लेना, तन की नहीं। कहती हूँ।

वैसे इस वक़्त परीक्षा हमारे तन की हो रही है।

—अरे, इन्हें क्या हुआ?

देखा, सामने से रूपा के बैंगलौर के साथी चले आ रहे हैं। फ़िल्म प्रोड्यूसर मोहन और फ़िल्म एक्टर कोमल। वे कैलाश-यात्री कम, अंतरिक्ष-यात्री अधिक दिखाई दे रहे हैं। मोटी-मोटी एक के ऊपर दूसरी चढ़ाई पैंटें। वाटरप्रूफ़। डाउन जैकेट, टोप, मास्क, काला चश्मा...

इनकी अभी से ये हालत है, आगे जाकर क्या करेंगे?

बाद में पता चला, कुछ तो ठंड थी, कुछ प्रैक्टिस भी की जा रही थी! इतने वस्त्रों को पहनकर चल पाने की...

उनतीस लोगों के ग्रुप में बैंगलौर वालों की तैयारी सबसे ज़ोरदार है! नेपाल में पूरे तीस हज़ार रुपये की ख़रीदारी की थी उन्होंने, इस यात्रा के लिए, रूपा ने बताया था।

मेरा क्या होगा? दिल अभी से बैठा जा रहा है।

एक-दूसरे की देखा-देखी हम गाड़ी में बैठ गए हैं।

बाक़ी ग्रुप का क्या हाल है? उन्हें भी संशय हुआ था क्या?

कुछ पता नहीं।

16

क्या मिट्टी को पीसा जा सकता है?

चक्की में तो नहीं, पनचक्की में?

जिस रास्ते से हम जा रहे हैं, हवा वहाँ से गुज़रती क्या तबाही ढाती है, यह देखा जा सकता है। एक तरफ़ भूरे पहाड़ हैं, और दूसरी तरफ़ रेतीली मिट्टी के ढूह ढूह। मीलों फैले हुए। जैसे हम तिब्बत नहीं, राजस्थान में से गुज़र रहे हों!

पहाड़ से ताक़तवर कौन? पवन! बचपन में कहानी पढ़ी थी, फिर चुहिया की चुहिया...

तिब्बती मानते हैं, जब रेत का तूफ़ान उठता है, बुरी आत्माएँ खेल कर रही होती हैं... तीन तरफ़ से रास्ता बन्द, सिर्फ़ एक तरफ़ से आप निकल पाते हैं। रेत इतनी बारीक है और बीच-बीच में रेत के व्यूह, जो जीते-जागते आदमी को निगल सकते हैं, कीचड़ की दलदल की तरह। कभी-कभी पाँव धरती पर पड़ने की बजाय अपने 'कर्म' पर पड़ जाता है...

जो निगलता है, वह रेत-व्यूह नहीं, आपका पाप होता है...

देवताओं की साँस,
ब्रह्मांड का गर्भ
मनमाना घूम रहा है
यह ईश्वर
आओ इस देवता की अराधना करें
हम हवि देकर

ऋग्वेद
वात सूक्त, 10.168

क्या इसीलिए वे आकाश को, पवन को, प्रार्थनाएँ भेजते रहते हैं? प्रार्थना-चक्रों के सहारे।

सुन्ना, हमारे ड्राइवर के साथ आगे की सीट पर अक्सर मैं ही बैठती हूँ। वहीं मुझे जाप का एकान्त मिलता है। मैं माला लिये चुपचाप बुदबुदाती रहती हूँ, वह कनखियों से देखता रहता है। अभी तक हम उसे 'चीनी जासूस' समझते आ रहे हैं, एक दिन पता नहीं कैसे भेद खुलता है, वह चीनी नहीं, तिब्बती है। शायद केलसांग ने बताया है। अब वह भी निस्संकोच होकर अपने मंत्र कहता रहता है। एक मूक प्रशंसा का भाव एक-दूसरे के लिए बन गया है।

—दीदी, आप अपनी माला निकालिए न, ज़रा महादेव जी से कह दीजिए, हमें अच्छा मौसम दे दें।

एक सुबह पीछे से पंकुल कहता है।

माला का पता इन्हें कैसे चल गया?

आज आकाश में सचमुच बादल हैं। बीच-बीच में बारिश भी हो रही है। जिस दिशा में हम बढ़ रहे हैं, वहाँ आसमान में और भी घने बादल घिरे हैं। अगर रास्ते में वर्षा है, तो कैलाश में बर्फ़ गिरी हो, कोई आश्चर्य नहीं होना चाहिए।

—हे महादेव जी...

मैं मन ही मन प्रार्थना कर रही हूँ। माला निकालना अपनी हँसी उड़वाना है।

मज़ाक़ ही हो गया है। पाँच किलोमीटर तक बादल दिख जाएँ तो वही रट। *आप माला निकाल लीजिए न!*

एक दिन हताश होकर कहती हूँ,

—सुनो, मैं मौसम के लिए प्रार्थना नहीं कर सकती। मैं जप इसलिए करती हूँ, कि उसके बिना मुझे ख़ाली-ख़ाली लगता है...आई होप, यू विल अंडरस्टैंड। सो, नो जोक्स प्लीज़।

इसके बाद कभी इस पर मज़ाक़ नहीं होता।

छोटे-छोटे गाँवों के बीच से गुज़रते जाते हैं हम। बीस-पच्चीस घरों वाले गाँव।

एक सच्चे आध्यात्मिक व्यक्ति के लिए किसी पवित्र पर्वत पर चढ़ना कल्पना के परे होगा। पर्वत पर विजय पाने की जगह वह पर्वत द्वारा विजित होना चाहेगा।

लामा अनागरिक गोविंदा

द वे ऑफ़ द व्हाइट क्लाउड्स

बीच-बीच में पहाड़ों में बनी गुफाएँ दिखती हैं। ऊपर प्रार्थना-ध्वज। यहाँ कोई साधक रह रहा होगा, इसका संकेत है। आस-पास दूर-दूर तक कोई बस्ती नहीं। कोई तो भोजन लाता होगा? शायद आते-जाते बंजारे गड़रिये?

तिब्बत में साधक को समाज की ज़रूरत नहीं, समाज को तो उसकी ज़रूरत है!

भेड़ों के रेवड़, कभी याक के झुंड रास्ते में आ जाते हैं। बीच-बीच में छोटी-छोटी घास दिखाई देती है, चकत्तों में उगी हुई। चरागाह नहीं, टुकड़ा-टुकड़ा घास। इसी को चरते मवेशी घूम रहे हैं।

किसी-किसी पहाड़ी पर हिरण खड़े मिलते हैं। भूरे पहाड़ पर भूरे हिरण वहाँ हैं, शुरू में पता नहीं चलता। बड़े शर्मीले जानवर हैं। दम साधे हमारी गाड़ियों का आना देखते रहते हैं। फिर अचानक कोई एक छलाँग लगाता है, और उसके पीछे-पीछे सारे। कहाँ गए?

जब तक हम पहुँचें, सब ग़ायब हैं...

अचानक वह छौना याद आता है। जापान के नारा शहर में। एक बौद्ध मन्दिर में हम गए थे, मैं और निर्मल (जापान फ़ाउंडेशन के प्रसिद्ध एशिया लेक्चर सीरीज़ के लिए उन्हें बुलाया गया था, सन् 2000 दिसम्बर में...)

बाहर दुकानों के बीच हिरण स्वच्छंद घूम रहे थे, उनका अभयारण्य था वह। महात्मा बुद्ध के वचनों को शिष्यों के अलावा हिरणों ने ही पहली बार सुना था, मृगदाय में। इसी से...

जाने कहाँ से वह मृगछौना आया और मेरी पसली में मुँह गड़ा दिया...

सुन्दर भोला मुख, लार टपकाता, बार-बार मुझसे रगड़ खाकर मेरा प्यार माँगता...

और मैं भी, जाने कैसे उसे सीने से लगाकर रह गई। तब तक कभी किसी कुत्ते-बिल्ली को नहीं छुआ था, डर लगता था। पहली बार इस छौने को छुआ, उसी आग्रह से, जैसे उसने मुझे छुआ था...

और अब वह मेरे से हटता नहीं था। मन्दिर के अन्दर तक वह मेरे साथ रहा, मेरी बग़ल में मुँह घुसाये।

मेरा बच्चा... मेरा हिरण बच्चा... पता नहीं कहाँ होगा अब? कितना बड़ा हो गया होगा?

मन उसके लिए वैराग्य में आ गया।

जाने कितनी चीज़ों का बिछोह लिये-लिये हम चलते हैं। ख़ुद को भी पता नहीं होता...

आज दोपहर का पड़ाव एक गाँव के ढाबे में है।

एक सुन्दर तिब्बतन उसकी मालिक है। एक लम्बे हॉल कमरे में तखत लगे हैं,

उनके आगे मेज़ों पर थरमस-प्याले। हमारे साथ आए तिब्बती शेरपा जाते ही मक्खन वाली चाय पर टूट पड़ते हैं।

—आप लेंगी?

—नहीं।

अभी मुझे उसकी आदत नहीं पड़ी।

भोजन वाला ट्रक अभी पहुँचा नहीं।

हम बैठे सुस्ता रहे हैं।

एक नटखट बकरी का बच्चा इधर-उधर कूद रहा है। शायद अजनबियों को देख घबरा गया है। बच्चा, चाहे इंसान का हो या जानवर का, सभी गोद में लेना चाहते हैं! कई गोदों में से होता हुआ वह मेरी गोद में आन गिरा है। चीख़कर मैं उठ जाती हूँ। मेमना पहले ही घबराया हुआ है। *में... में...*

—इसे छोड़ दो न!

लेकिन मेरी बात कौन सुनता है। मेमना मेज़-कुर्सियों के नीचे छिपता बदहवास घूम रहा है। प्यारे बच्चे, तू ही थोड़ी देर खेल ले हमारे साथ, बड़ी दूर हिन्दुस्तान से आए हैं...

मेमने के साथ फ़ोटो खींची जा रही हैं। उसके चीख़ने की किसी को परवाह नहीं।

17

वक़्त पता नहीं कब झरना शुरू हो गया।

सभ्यता न सिर्फ़ कहीं पीछे छूट गई है, उसकी ज़रूरत भी अब महसूस नहीं हो रही। एक आदिम पवित्र समय में चले जा रहे हैं हम।

न कहीं बिजली है, न पानी। न नल, न टॉयलेट, न सीवर।

समय में स्थिर एक गाँव है, नाम है प्रयांग। ऊँचाई साढ़े चौदह हज़ार फ़ीट। मानसरोवर के रास्ते पर हमारा आख़िरी पड़ाव। पाँच सौ साल पीछे चले गए हों जैसे, अपने पुरखों से मिलने। पहुँचते ही अनंत शान्ति। सात्त्विकता।

एक सुन्दर हॉल कमरे में छह तखत लगे हैं। मिट्टी की दीवारें, मिट्टी की छत। तिब्बती रंगों से दीवार रँगी है, दीवार पर बॉर्डर बना है, हरे, नीले, लाल रंग का।

प्रकृति के मूल तत्त्वों के रंग। ताकि कोई भूले नहीं, वह इनसे घिरा है, इनसे बना है।

कल हम मानसरोवर पहुँच जाएँगे!

घर। दालान।

बीच में एक कुआँ, लकड़ी के ढक्कन वाला, उसी में ज़ंजीर से एक ताला जड़ा है। शेरपा पानी निकालता है, तो पूछती हूँ,

—झाँक सकती हूँ?

—हाँ, हाँ, क्यों नहीं?

कुएँ की ज़मीन पर आसमान तैर रहा है... बिलकुल तारकोवस्की की फ़िल्म की तरह...

इस तरफ़ रिहाइश के कमरे, उस पार सीढ़ियाँ चढ़कर गड्ढे वाला संडास। खुले आसमान के नीचे। टूटा हुआ एक तख़्ता, ओट के लिए।

इस वीराने में ओट करनी किससे है? सिवाय अपने सहयात्रियों के?

आँगन में नल वाली बाल्टी में शेरपा गर्म पानी रख जाते हैं। उसी से हम मुँह-हाथ धोते हैं, मंजन करते हैं।

—आप लोग एक बात का ध्यान रखें, शाम को अकेले बाहर न निकलें, टॉयलेट के लिए भी नहीं। साथ में दो लोग रहें, और एक छड़ी। यहाँ के कुत्ते बड़े ख़तरनाक हैं, उन्हें आदमी का मांस खाने की आदत है...

हम शेरपा का मुँह ताक रहे हैं।

—तिब्बत में दाह-संस्कार नहीं होता न, जलाने को लकड़ी नहीं है। आदमी मर जाता है, तो लामा उसके टुकड़े-टुकड़े करके पहाड़ी पर फेंक देता है। फेंकता तो गिद्धों के लिए है, लेकिन अक्सर उसे कुत्ते खा जाते हैं...

सोचकर ही दिल काँप जाता है। चाहे सारी प्रकृति एक-दूसरे का भक्षण हर समय ही कर रही होती है, फिर भी अपने हाथों अपना प्रियजन इस तरह सौंप देना? बड़ी हिम्मत चाहिए।

अभी दोपहर हुई है। इन दिनों तिब्बत के इस हिस्से में रात नौ-साढ़े नौ बजे तक उजाला रहता है।

हम सैर करने निकल आए हैं। दो दिन बाद कैलाश-परिक्रमा शुरू करनी है। एक बार ऊपर फँस गए, तो वापस नहीं आ सकते।

अपनी हालत का जायज़ा ले लिया जाए।

हवा तेज़ है, और ठंडी। हालाँकि इस समय तीखी धूप है। बन्दर टोपी न पहनी हो, तो अभी गला पकड़ा जाएगा और रात होते-होते बुख़ार।

गाँव के बाहर ही हड्डियों का ढेर पड़ा है। याक और भेड़ों की हड्डियाँ, सींग।

तिब्बती लोग बौद्ध होने के बावजूद मांस खाते हैं। और कुछ यहाँ होता नहीं। गाँव की दुकानों में यहाँ-वहाँ सूखा मांस, छत से लटका हुआ, दिखाई दे जाता है। इन दिनों सागा दावा है, शाक्य मुनि का पवित्र मास, सो ताज़ा मांस नहीं काटा जाता।

एक टूटा-फूटा गोम्पा है, उसे ताज़ा रंगने की तैयारियाँ हैं। नये लाए प्रार्थना-चक्र एक कोने में पड़े हैं।

साठ और सत्तर के दशक में, माओ की अगुवाई में, चीनियों ने पहले सब मठ तोड़े, लूटे, जलाये। अब बाहरी दुनिया का दबाव है, पर्यटक आते हैं, ताज़े रंगे पुनरुद्धार किये गोम्पा उन्हें देखने को मिलते हैं। यही सही।

गोम्पा के बाहर बूढ़े-बच्चे बैठे हैं। गोम्पा की जगह कुछ-कुछ हमारे यहाँ के गाँव की चौपाल जैसी है। बच्चे खेल रहे हैं, बूढ़े प्रार्थना-चक्र घुमा रहे हैं।

दिल पर चोट तो लगी होगी जब इनके मन्दिर तोड़े गए होंगे?

दीन-दुनिया से इतने दूर हैं ये। इन्हें समझ ही न आया होगा कि ये सब क्यों हो रहा है!

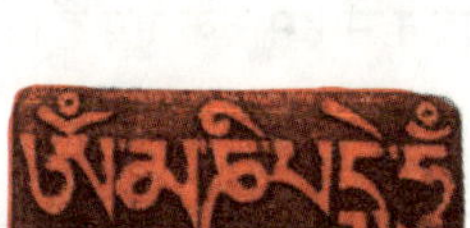

18

आज दोपहर हम मानसरोवर पहुँच जाएँगे।

आँखें अभी से दूर दिगंत में लगी हैं।

कैसा होगा मानसरोवर?

नीला कि टरकॉयज़?

सारा एक बार में दिख जाएगा क्या?

मुश्किल लगता है। यहाँ की सब झीलें कितनी बड़ी-बड़ी हैं। मानसरोवर का क्षेत्रफल ही साढ़े तीन सौ किलोमीटर है। कहते हैं, चार नदियों का उद्गम है वहाँ पर—सतलुज, सिंधु, ब्रह्मपुत्र, करनाली...

रास्ते में सड़क किनारे एक मैदान में हम रुके हुए हैं। क़ाफ़िले के भोजन वाले ट्रक अभी तक नहीं पहुँचे।

रोज़ की तरह अधबीच रास्ते रुककर आज यहाँ भोजन होना था।

एक तरफ़ छोटा-सा एक घर है, उसी में से एक तिब्बती परिवारजन ढाबा चलाते हैं। मेहमानों को देख एक स्त्री मक्खन वाली नमकीन चाय की थरमस और कप रख गई है। कुछ लोग खुले में रखी कुर्सियों पर बैठ गए हैं।

मैं, रूबी और रूपा घर के पीछे मैदान में सैर करने को निकल गए हैं। जितनी जल्दी अपनी शक्ति बना लें, अच्छा है, परसों से परीक्षा शुरू होनी है।

तीन चक्करों में ही साँस फूल गया है, सारी ताक़त इस एक दिन में बनने से रही।

पता नहीं, ट्रक को क्या हुआ?

एक तरफ़ हमारे शेरपा घास पर बैठे नमकीन चाय पी रहे हैं। आसपास कोई और जगह नहीं, जहाँ बैठ सकूँ। उन्हीं के पास जाकर बैठ जाती हूँ।

—चाय लेंगी?

—हाँ।

चखकर तो देखूँ, कैसी है। नमकीन, सोंधी-सी चाय है, मक्खन की ख़ुशबू आ रही है। गर्म पानी और मक्खन का सूप हो जैसे। गले को तुरन्त राहत मिलती है। पता नहीं, कब से दुख रहा था।

वे अपनी बातें कर रहे हैं, शब्द पकड़ में नहीं आते। नेपाली भाषा नहीं है यह।

—तिब्बती में बात कर रहे हैं आप लोग?

अंग्रेज़ी में पूछती हूँ। उनमें एक लड़का है, जो टूटी-फूटी अंग्रेज़ी बोल लेता है।

—हाँ।

वह मेरे गले में प्रार्थना-चक्र वाला पैंडेंट ताक रहा है।

—आप भी हिन्दू हैं?

—आधी बौद्ध।

—दिल्ली से?

—हाँ। आप लोग?

—कुछ नेपाल से, कुछ यहाँ तिब्बत से। वैसे हम सब तिब्बती हैं।

—दलाई लामा को मानते हैं?

—हाँ।

—मैं भी।

वे सब जुड़ा जाते हैं।

—आप मिली हैं उनसे? उन्हें देखा है?

—हाँ।

—क़रीब से?

कभी हमारा एक देश था,
सोचते थे, सुन्दर है
नक़्शे पर देखो,
अभी भी वह है
हम नहीं जा सकते वहाँ,
प्रिय, हम नहीं जा सकते...

डब्ल्यू.एच. ऑडेन
शरणार्थी शोकगीत

वे लोग काठमांडू से मसूरी गए थे, दलाई लामा के प्रवचन सुनने। धर्मशाला जाने की अनुमति नहीं है। दलाई लामा के दर्शन हुए थे, लेकिन बहुत दूर से।

—काफ़ी क़रीब से। एक डेलीगेशन में मिली थी। उन्हें खता दिया था, आने लगे, तो उन्होंने वह खता मेरे गले में डाल दिया...

—सच?

उत्तेजना से उनकी साँस रुक गई है।

—यह बहुत बड़ी बात है।

अभी तक सिर्फ़ दो लोग थे। पता नहीं कैसे वे सात-आठ हो गए हैं। खुसुर-फुसुर से सबको पता चल गया है, मुझे दलाई लामा ने आशीर्वाद दिया था...आश्चर्य से देख रहे हैं मुझे।

—आप लोग बहुत प्रेम करते हैं उनसे?

उनके सिर हिलते हैं। ये भी कोई पूछने की बात है।

उनके उजाड़ चेहरों पर सब लिखा है, दलाई लामा के बिना कैसे अनाथ हैं वे।

—और आप? आप दलाई लामा से प्रेम करती हैं?

मैं चुप मुस्करा रही हूँ। करती हूँ या नहीं, तुम्हीं लोग तय करो!

—कैसी बसर है आप लोगों की चीन में?

—बहुत बुरा हाल है। आप हमें देख रही हैं। कैसे दिन-रात हम मरते हैं? फिर भी गुज़र नहीं होती। हमारे लिए कोई नौकरियाँ नहीं, बस छोटे-छोटे काम। स्कूल भी नहीं।

उन्हें भारत चले गए तिब्बतियों के भाग्य से ईर्ष्या है। वे फँसे हुए हैं। पहले नेपाल सरकार हमदर्दी रखती थी। अब बॉर्डर पार करो तो नेपाल सरकार ही पकड़कर चीनियों को सौंप देती है।

—भागे हुए तिब्बती को चीनी हाथ में सौंप देना, आप सोच सकती हैं?

—हाँ, कम ही बचते होंगे।

उस रात मैं अन्तिम बार नोरबुलिंका के महाकाल मन्दिर में गया। वहाँ खता चढ़ाया। यह केवल मेरी श्रद्धा नहीं, मेरे लौटने की मंशा भी कह रहा था। बस एक क्षण रुककर मैंने मूक प्रार्थना की। वहाँ पूजा कर रहे भिक्षु जानते थे, मैं जा रहा हूँ। मुझे उनके मौन रहने का भरोसा था...

बाहर आया तो अँधेरा था। महल के दोनों ओर से सीढ़ियाँ उतरती थीं। मैंने एक चक्कर लगाया। एक दिशा में गया, तो कल्पना की, मैं सही-सलामत भारत पहुँच गया हूँ। दूसरी दिशा से लौटा, तो कल्पना की, मैं तिब्बत लौट आया हूँ...

दलाई लामा

फ्रीडम इन एग्ज़ाइल

वृत्तचित्रों में देखा है, कैसी पिटाई होती है...

—तसवीर रखने की मनाही अब भी है?

—ये सेरिंग है, इसकी पीठ उधेड़ दी थी उन्होंने मार-मार कर। जेल में था ये।

—तुम्हारे पास तसवीर मिली थी?

गूँगा-सा वह मुझे देख रहा है।

—आप कोरा करेंगी?

—करना तो बहुत चाहती हूँ। देखें भाग्य में है कि नहीं।

कुछ देर सब चुप रहते हैं।

—आपको क्या लगता है, दलाई लामा लौट पाएँगे?

—बहुत मुश्किल है। ये लोग बहुत दुष्ट हैं...। देखिए, अमेरिका क्या करता है।

उन्हें दलाई लामा के आन्दोलन के बारे में सब मालूम है।

—आपको एक राज़ बताऊँ?

सब आगे आ जाते हैं।

—मैं रिनपोछे के लिए कोरा करने वाली हूँ...। ये देखिए, उनका नाख़ून...

नाख़ून मेरी जेब में ही है, मनी-बेल्ट में, गुलाबी पन्नी में। खोलकर दिखाती हूँ।

सारे सिर जुड़ा गए हैं।

—रिनपोछे?

—समदोंग रिनपोछे।

वे सब कौतुक से गुलाबी काग़ज़ पर पड़े नाख़ून के टुकड़े को देख रहे हैं...

कई लोग समझते हैं, परम पावन और उनके लोग मूर्ख हैं। वे क्यों नहीं चीन की वार्ता-पूर्व शर्तें मान लेते? यह कहने में क्या हर्ज़ है कि तिब्बत चीन का हिस्सा था, है और रहेगा? पर हमारा आग्रह सत्य पर है। हमारा मानना है कि परम पावन तिब्बत का इतिहास दोबारा नहीं लिख सकते। वह नहीं कह सकते कि तिब्बत चीन का अविभाजित हिस्सा था। क्योंकि ऐसा था ही नहीं। आज भले तिब्बत चीन के अधिकार में है। सो हम कहते हैं, हम तिब्बत का समाधान चाहते हैं, लेकिन असत्य स्वीकार करके नहीं, वार्ता-पूर्व शर्तें मानकर नहीं। यही हमारा सत्याग्रह है।

समदोंग रिनपोछे

तिब्बत सत्याग्रह पर

समदोंग रिनपोछे...

निर्वासित तिब्बती सरकार के प्रधानमंत्री। तिब्बतियों के प्रिय नेता। चुनाव में नहीं खड़े हुए, तब भी नब्बे फ़ीसदी वोट मिले। तिब्बतियों का ऐसा प्रेम जीतने का अभूतपूर्व इतिहास है यह।

पता नहीं, कब काग़ज़ की पन्नी बन्द हुई।

सब लोग उसे अपने माथे से लगा रहे हैं, सिर के ऊपर से एक-दूसरे को दे रहे हैं...

इस समूह में कब हमारा गाइड केलसांग भी आकर खड़ा हो गया था, पता नहीं चला।

—दीदी, क्या सच में दलाई लामा जी ने आपके गले में खता डाला था?

मैं मुस्कराती हूँ।

—तब तो आप बहुत... बहुत...ऊँची होंगी। वे हर किसी के साथ ऐसा नहीं करते।

—पता नहीं, लेकिन उस दिन तो उनके आशीर्वाद से ऊँची हो गई थी...

—एक बात कहूँ, दीदी?

वह इधर-उधर देखता है।

—ये सब बातें आप किसी और आदमी के सामने न करिएगा। बड़ी मुसीबत हो जाएगी...

ठीक ही तो कह रहा है! हम सब बिखरना शुरू हो गए हैं।

रास्ते का एक पड़ाव, खोया हुआ हमारा ट्रक, इन्तज़ार करते हम लोग।

ये सब संयोग न हुए होते, तो कभी ये बात हो सकती थी?

आख़िर ट्रक भी पहुँच गया। भोजन हुआ और हम अपनी-अपनी गाड़ी में बैठने चल दिये।

—दीदी?

मुड़कर देखा, सेरिंग है। इस दोपहर के बाद केलसांग ही नहीं, सब तिब्बती शेरपा मुझे यही बुलाएँगे।

—आपको एक चीज़ दिखाऊँ?

वह अपनी टी शर्ट के नीचे से कुछ खींच रहा है।

धागे में बँधा एक पैंडेंट।

पास जाकर देखती हूँ—दलाई लामा की तसवीर है!

—इसी के लिए तुम्हारी इतनी पिटाई होती है?

वह विजय भाव से मुस्करा रहा है। उसके चेहरे पर बीती पीड़ा की कोई छाया नहीं...

जिनका राज इन दिलों पर है, असल में तो उन्हीं का राज हुआ!

चीन ये लड़ाई कब की हार गया...

पता नहीं किससे यह कहती हूँ?

हम दोनों मुस्करा रहे हैं।

19

—ऑक्सीजन सिलेंडर कहाँ रखा है?

धीमी आवाज़ में एक शेरपा आकर एजेंट से पूछता है।

एजेंट मेरे पास खड़ा था, भोजन के समय। मेरे कान ये सुनकर खड़े हुए। वे चुपके से पीछे की ओर गए हैं, किसी गाड़ी में रखा है सिलेंडर। ग्रुप में घबराहट न फैल जाए।

कौन बीमार है?

—आपको नहीं पता? चेन्नई वाले महाराज जी की तबीयत बहुत ख़राब है।

नियालम के बाद वह सच में दिखे नहीं थे। अब सोचा तो याद आया। एक-आध बार उनका ध्यान भी आया था, फिर सोचा, गाड़ियों के क़ाफ़िले में कहीं पीछे रह गए होंगे।

पता चला, मधुमेह की बीमारी थी, आयुर्वेदिक दवा लेते थे, यहाँ उसने काम नहीं किया, शूगर बिगड़ गया, 490 तक पहुँच गया, अब वे लगभग कोमा में जा चुके थे...

किसी दूसरे ने कहा, *योग करते थे, यहाँ ऊँचाई पर आकर उनकी कुंडलिनी डिस्टर्ब हो गई है...*

तीसरे ने कहा, *ये महात्मा लोग...आप जानती ही हैं, इनकी मानसिक शक्तियाँ जितनी विकसित होती हैं, शरीर उतना ही शिथिल... जब मालूम था, कैलाश जा रहे हैं, तो कुछ दिन अंग्रेज़ी दवा खा लेते शूगर की...*

गोया, महाराज जी चाहते, तो बीमारी से बच सकते थे!

ये वे भक्तगण नहीं थे, जो नियालम में दिखे थे। ये अब सलाह देने वाले सयाने लोग थे, जिनकी सलाह उन्होंने वक़्त रहते माँगी नहीं थी। परीक्षा होते ही भक्ति काफ़ूर हो चुकी थी। सब अपने-अपने पैसे भरकर आए थे। जीवन भर की सबसे बड़ी यात्रा और यह विघ्न!

अपना शरीर सँभालें या स्वामी को!

—पानी भी नहीं पी रहे। पी लें तो पेशाब के रास्ते शूगर निकले। अंग्रेज़ी दवा दी है। कुछ तो असर करेगी।

—जब नियालम में ही तबीयत ख़राब हो गई थी, तो वहीं रुक जाते। थोड़ा सँभलकर आ जाते।

कोई कुछ बोला नहीं।

बात यह थी कि सेवा के लिए रुके कौन?

सबको आगे जाने की इच्छा थी। मालूम था, कि आगे तीन दिन से पहले कोई डॉक्टर नहीं मिलने वाला, दारचेन से पहले। दारचेन मानसरोवर और कैलाश के बीच का पड़ाव था। वहाँ से ल्हासा के लिए हेलीकॉप्टर सेवा भी है, ज़रूरत पड़ी तो...किसी तरह मानसरोवर के दर्शन तो हो जाएँ...

सो पिछले तीन दिन से ये हो रहा था। गुरुजी को लादे-लादे तीन लोग गाड़ी में अगली सीट पर बैठाते, पिछली सीट पर भक्त जन बारी बाँधकर बैठते।

न निभाते बने, न छोड़ते।

'आप उसे देखेंगे नहीं, धर्मराज? द्रौपदी गिर गई है!'

'चलते चलो, भीम। उसने पाप किया था। हम सब उसके पति थे पर प्रेम उसने किया अर्जुन से, सबसे अधिक।'

अगले कुछ ही क़दमों में वे सब एक-एक कर गिरते गए। अर्जुन, नकुल, सहदेव, भीम। युधिष्ठिर अकेले जा रहे थे आगे, कुत्ते के साथ।

महाभारत

महाप्रस्थानिका पर्व

कहाँ महाराज जी को इन सबके लिए पूजा करनी थी। इन लोगों ने उन्हें पर्चियों में नाम लिखकर देने थे...

महाराज जी शिव के परम भक्त थे। कैलाश-महिमा मानसरोवर पहुँचकर सुनाएँगे, मुझसे उन्होंने नियालम में वादा किया था।

—ज़रूर भक्ति में कहीं घोर ग़लती कर बैठे थे, तभी भगवान शिव ने उनकी यात्रा स्वीकार नहीं की, उन्हें दर्शन देने से मना कर दिया...

उनके साथी उनकी हालत देख एक-दूसरे से फुसफुसाते।

पता नहीं, स्वामी जी के कानों में ये सब संशय पहुँच रहा था कि नहीं? हर-इच्छा होती, वे इन सबको शिव के चरणों में पहुँचाने का माध्यम बने होते। अब वह गाड़ी की अगली सीट पर चित पड़े थे, रूमाल से मुँह ढका था।

कहीं महादेव जी इनकी बलि तो नहीं लेने वाले?

पन्द्रह लोगों की यात्रा दाँव पर लगी थी।

पंढरपुर वाले महात्मा और उनके तीन साथी मानसरोवर और कैलाश के एक मुख के दर्शन करके ही लौटने वाले थे। वैष्णव लोग कैलाश की परिक्रमा नहीं करते, उन्होंने बताया था।

अब इन लोगों की भी यही सलाह बनी। जैसे-तैसे आधे-अधूरे दर्शन करके लौट चलें। स्वामी जी को कुछ हो गया तो पाप उनके सिर आने वाला था!

महाभारत में स्वर्ग के रास्ते में जैसे पांडव और द्रौपदी बारी-बारी गिरते हैं, वैसे इस यात्रा में हमारे साथी झड़ रहे थे...

उस दोपहर जब हम मानसरोवर पहुँचे, यह लगभग तय था, कि उनतीस लोगों के समूह में केवल एक-तिहाई बचेंगे, कैलाश-परिक्रमा के लिए!

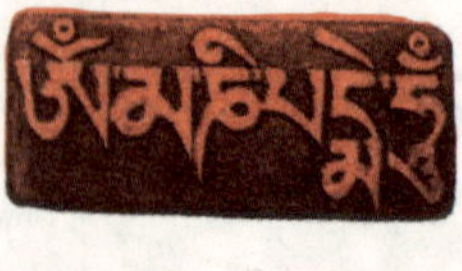

सबसे पवित्र एक जल

प्यास मुझे घेर लाई है
खड़े पानियों के बीच
दया करो, हे वरुण, दया करो...

ऋग्वेद
वरुण सूक्त, 7.89

20

सड़क है कि समुद्र की लहर?

गाड़ी ऊपर जाती है, नीचे आती है। ऊपर जाती है, नीचे आती है।

एक तरफ़ कोई नदी है, नीचे। इस तरफ़ पहाड़ के साथ-साथ भागी जाती हमारी गाड़ी। जैसे ही क्षितिज पर कहीं नीला, टरकॉयज़ रंग उभरता है, हम सुन्ना ड्राइवर से पूछते हैं, छोटे बच्चों की तरह।

—आ गए, सुन्ना?

अभी कहाँ? वह सिर हिलाता है।

गाड़ी है कि साँस है? लहर की तरह ऊपर आती, नीचे जाती दिखाई देती है...कभी भी पहुँचने वाले हैं हम!

एक अन्तिम लहर, काफ़ी ऊँची।

गाड़ी रोक दी है सुन्ना ने। धूल के बवंडर में अभी दिखाई नहीं पड़ा वह। सुन्ना

मुझे देख रहा है।

—क्या?

—कंग रिनपोछे!

मैं कुछ समझ नहीं पाती। मूढ़-सी उसे देख रही हूँ।

दाईं ओर पहाड़ों की ओर इशारा करके हाथ जोड़ने को कहता है।

—आ गए हम?

पहले कैलाश दिखते हैं, फिर मानसरोवर।

आसपास भूरे पहाड़, बीच में बर्फ़ से ढके कैलाश... प्रकृति अभिषेक कर गई है जैसे...कैलाश की बर्फ़ में सीढ़ियाँ बनी हैं। दक्षिण मुख है यह पर्वत का।

यही हैं स्वर्ग की सीढ़ियाँ?

पीटर ब्रुक की महाभारत में ठीक ऐसी ही सीढ़ियाँ देखी थीं, युधिष्ठिर के स्वर्गारोहण के समय। नाटक में देखी सीढ़ियाँ सचमुच यहाँ हैं! कहते हैं, हवाई जहाज़ से देखो तो कैलाश पर्वत स्वस्तिक जैसा दिखाई देता है...

मानसरोवर सामने फैला है समुद्र की तरह...

यही है ब्रह्मा का मन? उनके मन से निकला सरोवर? कहते हैं, उनके एक तपस्वी पुत्र के पास आचमन के लिए जल न था, तब इस बीहड़ में ब्रह्मा ने इसे पैदा किया—देवताओं की अर्चना के लिए...

हम ऊपर हैं टीले के। नीचे उतर जाएँ तो सीधे जल में जा सकते हैं...

बाईं तरफ़ गुरला मान्धाता के पाँच जुड़वाँ पहाड़ हैं। इन्हीं में एक पर देवी सरस्वती का निवास मानते हैं...

दोनों कान छूती हूँ, कैलाश को प्रणाम करते समय। बार-बार। बहुत भूलें की होंगी प्रभु! क्षमा करना। अपनी ओट देना।

प्रार्थना-ध्वज यहीं गाड़ी में पीछे रखे बैग में हैं। इन्हें बाँध दूँ! बहुत कृपा हुई कि यहाँ तक ठीक से पहुँच गए...

कितने लोगों की प्रार्थनाएँ मुझसे पहले से हवा में फड़फड़ा रही हैं।

ध्वज बाँधता हुआ ये शरीर, ये कंठ जैसे ख़ुद एक प्रार्थना बन गया है।

मानसरोवर का पवित्र जल...नीला। पारदर्शी।

तह में पड़े पत्थर तक दिखाई दे रहे हैं।

इस जल में पैर रखेंगे हम। इस जल को सिर पर लेंगे आशीर्वाद की तरह। इस जल से आँखें भीगेंगी, सिर भीगेगा। सबसे पवित्र जल हमारी सभ्यता का।

जल, तुम्हारा आशीर्वाद लेती हूँ, अपने पुरखों के लिए, आगे आने वालों के लिए। मेरे भीतर की गाँठ को, दुख को, क्लेश को बहा दो। मुझे मुक्त करो, स्वच्छ करो।

केवल जल ही स्वच्छ नहीं करता। प्रार्थना भी करती है।

धीरे-धीरे निकलती हूँ जल से। प्रार्थना से बाहर आने में देर लगती है...

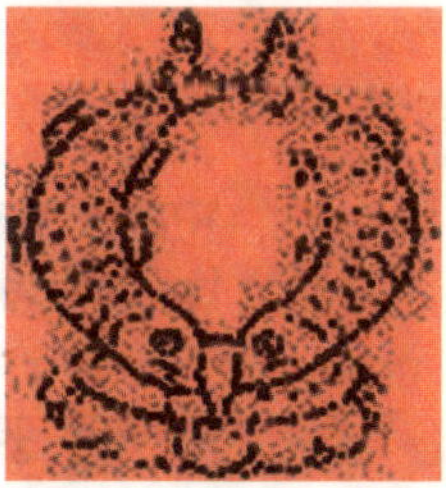

अभी दोपहर हुई है। आँख के सामने शाम का अँधेरा-सा क्यों है?

प्रकृति उजियारी है। मन ने परदा किया है भीतर ताकि उसे देख सकूँ, जो अभी-अभी भीतर आई है, प्रकाश की रेखा...

तीर्थ यही करता है न?

दुनिया का दरवाज़ा भिड़ा देता है, ताकि हम उसे देख लें, जो भीतर कहीं था, जो

भीतर अभी आया है।

अपना दिया ख़ुद बनकर जलना—इसका मर्म समझने का कोई आसान रास्ता क्यों नहीं है?

हम परिक्रमा कर रहे हैं मानसरोवर की। गाड़ी से। दूसरी तरफ़ राक्षस ताल है। लोग वहाँ नहीं जाते। कहते हैं, बुरी आत्माएँ रहती हैं वहाँ। हमें क्यों जाना है? हम अच्छी के साथ रह लें, वही बहुत है।

परिक्रमा पथ पर एक गोम्पा आता है।

—भीतर जाना है?

—हाँ, क्यों नहीं?

कोई कह रहा था, उसे सब गोम्पा एक-से लगते हैं... मुझे तो

नहीं लगते...

एक अकेला किशोर भिक्षु गोम्पा की रखवाली करता बैठा है।

बाक़ी सब कहाँ हैं?

भगवान बुद्ध की मूर्तियों के चरणों में 'माओ' रखे हैं।

एक-एक युआन के नोट, माओ की तसवीर वाले, जो 'माओ' कहलाते हैं...

माओ ने गोम्पाओं के साथ जो किया, उसके बाद यह एकदम सही लगता है, दैवी न्याय, कि उसे वहाँ बुद्ध के चरणों में रोज़ डाला जाए...

हंस कहाँ हैं? बचपन में पढ़ते थे, मानसरोवर में राजहंस होते हैं। इतने बड़े बियाबान में

एक हंस नहीं?

कुछ मील आगे जाकर पीले-सुनहरे हंस दिखते हैं, पाँच-छह जोड़े। बस। सफ़ेद वाले कहाँ गए?

दिल्ली तक में शाम को झुंड के झुंड पंछी अपने घर लौटते हैं!

एक मोड़ मुड़ते हैं, तो झील का पूरा तट सूखा दिखाई पड़ता है। दलदल में दरारों के निशान हैं। जल तेज़ी से सूख रहा है। 'न्यूज़वीक' पत्रिका में पढ़ा था, मानसरोवर ख़तरे में है, इसी तरह चलता रहा, तो शायद कुछ वर्षों बाद लुप्त ही हो जाए...

सुन्ना कहीं गाड़ी रोक ले, तो जल भर लें, अमृत। यहाँ दूर-दूर तक कोई आबादी नहीं, साफ़ जल मिल सकता है।

एक नहीं, दो नहीं, तीन-चार जगह हम रुकते हैं। जहाँ से भी जल भरते हैं, साफ़ नहीं, कुछ न कुछ तैर रहा है। इसे फेंक दें, कहीं तो साफ़ जल मिलेगा।

कहीं नहीं। चार दिन बाद लौटते हुए हम वैसा ही मटमैला जल भरकर सन्तोष कर लेते हैं। मैला है तो क्या, मानसरोवर का तो है! हम इसे पीयेंगे नहीं, पूजा-स्थान में जाकर रख देंगे...

विडम्बना—क्या इसे हम हमारी सभ्यता की विडम्बना कह सकते हैं?

जो पीने योग्य नहीं, वह पूजा योग्य फिर भी है।

अकाण्ड-ब्रह्माण्ड क्षयचकित देवासुर कृपा
विधेयस्याऽऽसीद् यस्त्रिनयन विषं संहृतवतः।
स कल्माषः कण्ठे तव न कुरुते न श्रियमहो
विकारोऽपि श्लाघ्यो भुवन-भय-भङ्ग-व्यसनिनः।।

21

मानसरोवर...

इतनी चमकीली दोपहर वह सचमुच थी या अब हो गई है, स्मृति में सुनहरी?

सूरज नीचे उतर रहा था। हमारे सिर की बजाय चेहरे पर आ गया था, जैसे थके चेहरे सहलाने, किसी बाप-दादा की तरह? तसवीर में अपने चेहरे पर अस्त होते सूरज की परछाईं देखती हूँ, तो दैवी आशीर्वाद जैसा लगता है...

यह तब क्यों नहीं दिखा था?

हरिद्वार के परमार्थ निकेतन वालों की धर्मशाला है। भारतीय तीर्थयात्रियों की सुविधा के लिए बनी। सादे छह-आठ बिस्तरों वाले कमरे।

एक आठ बिस्तर वाला कमरा हमें मिला है।

पूरी यात्रा में पहली बार हम तीनों—मैं, रूबी, पंकुल और रूपा व उसके फ़िल्म उद्योग वाले साथी एक ही कमरे में ठहराये गए हैं।

उनके साथी मोहन की तबीयत ठीक नहीं। शायद ज़ुकाम और बुख़ार आ गया है। इतना ढककर रहते थे ये लोग, दूसरे ग्रह के प्राणी लगते थे, फिर भी...सबसे उत्साही और धनी व्यक्ति मोहन ही है।

—चाहे यहाँ से हेलीकॉप्टर में वापस नेपाल जाना पड़े, कैलाश परिक्रमा तो करनी ही है।

उसने रास्ता भर कहा था। अब वह एकदम पस्त पड़ा है। उसके साथी बार-बार उसको हिलाते हैं, *मोहन सूप ले लो।*

स्वामी जी को मानसरोवर लाने की बजाय सीधे दारचेन अस्पताल ले गए हैं। कहाँ उन्हें कल सुबह यहाँ पूजा करनी थी...

हम सब उत्सव में हैं। अभी काफ़ी बड़ा दिन बाक़ी है। जल को देखते ही स्नान की इच्छा ऊपर आ गई है। कल सुबह तो मानसरोवर ठंडा होगा, अभी क्यों न नहा लें? लेकिन इस समय हवा इतनी तेज़ है कि टोपे में उसके शोर के सिवा कुछ सुनाई नहीं देता। ऐसी हवा में खुले में स्नान ठीक नहीं, जो भी हो, परसों की परिक्रमा के लिए स्वस्थ रहना है।

—यहाँ से दो किलोमीटर दूर एक गर्म सोता है, नहानघर बने हैं, बीस युआन देकर आप गर्म स्नान कर सकते हैं।

पता नहीं, किसने यह ख़ुशख़बरी लाकर दी है।

तुरन्त मैं और रूपा तौलिया-साबुन लेकर तैयार हो गई हैं। कल सुबह पूजा करनी है।

हमारी चौकड़ी जीप में जा पहुँची है। रूबी और पंकुल नीचे धारा की ओर निकल गए हैं।

गंधक का सोता है, नाम है, गंगा-छू।

छू यानी नदी।

उसी की एक धारा नहानघर में मोड़ दी गई है।

टब वाले कैबिन हैं। टोंटी में अटका कपड़ा निकाल दो, तो गर्म पानी भरने लगता है। पानी गर्म नहीं, गुनगुना है। लम्बा रास्ता चलकर नीचे आ रहा है, शायद इसलिए। हम उसी से उत्फुल्ल हैं। इतना कि रूपा अपने कैबिन से आवाज़ देती है,

—कोई गाना आता है तुम्हें?

अपने-अपने टब में बैठे अंत्याक्षरी हो रही है हमारी।

—ओह रे ताल मिले नदी के जल में, नदी मिले सागर में...

बचपन में सीखे फ़िल्मी गाने अभी तक याद हैं मुझे? गा रही हूँ और हैरान हो रही हूँ... रूपा पुराने रोमांटिक गाने गा रही है... उसकी उम्र है। आवाज़ में कशिश है। मैं उसके गाने को ध्यान से सुनने लगती हूँ, तो आवाज़ देकर कहती है,

—तुम चुप क्यों हो गईं, मेरे साथ गाओ न!

कोई कह सकता है कि कल मानसरोवर के तट पर बैठीं, पूजा करती हुईं हम, ऐसी पक्की भक्तिनें निकलेंगी?

लौटते हैं, तो अँधेरा घिर रहा है। धर्मशाला के आँगन में काफ़ी हलचल है।

पता चलता है, चेन्नई वाले महाराज जी को दारचेन वाले अस्पताल ने दाख़िल करने से इनकार कर दिया। कहा, यहाँ पूरा इन्तज़ाम नहीं। इन्हें जल्दी यहाँ से निकालिए, इनकी जान को ख़तरा है।

अब?

—हेलीकॉप्टर से ल्हासा जाने में चार लाख लगेंगे, वहाँ से काठमांडू की फ़्लाइट अलग। कम से कम तीन-चार लोग तो साथ में होने चाहिए...

विष देख जब चकित रह गए देव और असुर
आपने धारण किया उसे सृष्टि की ख़ातिर
(पार्वती ने कंठ पकड़ रोक दिया वहीं जम जाने को)

हे त्रिनेत्र, नीलकंठ वह कैसा दीखता है सुन्दर

कैलाश मानसरोवर श्लोक

अन्त में चेन्नई वाले तय करते हैं, कल सुबह मानसरोवर की पूजा के बाद सारा ग्रुप तुरन्त लौट पड़े, चार दिन का रास्ता दो दिन में तय कर लें तो नेपाल पहुँच सकते हैं, वहाँ एजेंसी में इत्तिला दे दी गई है। मिस्टर नारायण कोदारी बॉर्डर पर एम्बुलेंस के साथ मिलेंगे।

महाराज जी बॉर्डर तक जीवित पहुँच पाए या नहीं, अब हमें यही चिन्ता रहने वाली है।

सातवें दिन हम काठमांडू पहुँचे तो पता चला, बिलकुल मृतप्रायः थे, जब वह बॉर्डर पर पहुँचे। अब आई सी यू में थे, स्वास्थ्य-लाभ कर रहे थे। महाराज जी मृत्यु को छूकर लौट आए थे...

22

आज की रात, बस आज की रात बची है, यह जाँचने के लिए कि हम परिक्रमा कर सकते हैं या नहीं। रूबी, पंकुल, रूपा एकदम फ़िट हैं। मैं डाँवाँडोल हूँ। न रुकते बन रहा है, न जाते।

—रूबी!

एकान्त देख उससे कहती हूँ।

—मेरी एक इच्छा है, तुमसे कह रही हूँ, फिर समय मिले, न मिले... अगर ऊपर डोल्मा ला में मुझे कुछ हो जाए तो देह वापस मत लाना। वहीं छोड़ देना, माँ तारा के पास। कोई संस्कार वग़ैरह नहीं करना...

—आप क्या कह रही हैं?

—तुम लोग मेरे साथ आए हो। कहीं फँस न जाओ। तुम्हें मेरी इच्छा का भी पता होना चाहिए न!

कहकर मैं मुक्त हो गई हूँ।

क्या अपनी इच्छा मुझसे कहकर निर्मल भी इसी तरह मुक्त हुए होंगे?

निर्मल...देखो, मैं सचमुच मानसरोवर पहुँच गई हूँ... तुम मेरे साथ ही हो न?

—आप रात को ढाई बजे उठेंगी?

पंकुल पूछता है।

मानसरोवर में रात दो से चार बजे, ब्रह्म मुहूर्त

में देवता स्नान करने आते हैं... देवता और तारे... ऐसा विश्वास है।

पंकुल उसी दृश्य को देखने के बारे में पूछ रहा है।

—मैं बहुत थकी हूँ... तुम लोग देखकर बता देना...

घुप्प अँधेरे में, सन्नाटे में हम सात जन सो रहे हैं। हर किसी की नींद में घड़ी चल रही है टिक-टिक।

क्या सचमुच रात दो बजे 'वे' आते होंगे? यह जगह दुनिया से इतनी दूर और स्वर्ग के इतना पास है, कि ऐसा बिलकुल सम्भव लगता है... वैसा कट्टर अविश्वास नहीं होता, जैसा मैदान में...

पता नहीं कैसे आँख खुल गई है। पेट में तीखा दर्द उठा है। क्या बाथरूम हो आऊँ?

दर्द ऐसी तेज़ लहर में उठा है कि जैकेट नहीं पहनी जा रही। पेट पर हाथ रखे-रखे बाहर आ गई हूँ।

भेजो मुझे दर-दर
हाथ फैलाये भीख माँगने को

और अगर भीख माँगूँ,
तो मत देने देना उन्हें

और अगर वे दें,
तो गिरा देना उसे नीचे ज़मीन पर

और अगर गिर पड़े,
तो मेरे उठाने से पहले
ले जाने देना उसे एक कुत्ते को,
ओ मल्लिकार्जुन!

अक्का महादेवी

महादेव जी, अब क्या मेरी बारी है?

कोई जैसे चिमटे से मेरी अँतड़ियाँ बाहर खींच रहा है...

बाहर जकड़ने वाली ठंड है, लेकिन हवा नहीं।

आकाश शान्त है।

आकाश...

इतने सारे तारे...लाखों...एक से एक चमकीले...

तारे ऐसे नाचा करते हैं? आकाश-गंगा ऐसी दूधिया होती है?

पूर्णिमा कब थी?

आठ दिन पहले। फिर भी इतनी चाँदनी रात!

बजा क्या है?

कमरे में लौटकर टॉर्च की रोशनी में समय देखती हूँ। सवा दो...

ये ज़रूर देवता ही होंगे...

मैंने कौन-सा इससे पहले कोई देखे हैं, कि कहूँ, ये नहीं हैं... इतने चमकीले... ये सिर्फ़ तारे नहीं हो सकते... ज़रूर इनमें सप्त ऋषि भी होंगे... कैसा डांडिया नाच चल रहा था आकाश में...

क्या फिर से बाहर जाऊँ?

किसी ने कहा था, देवताओं को ऐसे छिपकर देखने जाइएगा, कि उन्हें पता न पड़े, नहीं तो वे अदृश्य हो जाएँगे... अभी तक तो उन्हें नहीं पता, अब अगर गई, तो ज़रूर जान जाएँगे... रहने दो, लीला कर रहे हैं, करने दो...

यू आर लकी! मैं ख़ुद से कहती हूँ। एक मीठा रहस्य मेरे सीने में गुदगुदी कर रहा है... मैं इस रात की बात किसी को नहीं बताऊँगी!

लेकिन कब तक?

—उठोगी नहीं?

मुँह अँधेरे हमें मानसरोवर में स्नान करके पूजा करनी थी। सब तय करके सोई थीं हम।

रूपा मुझे हिला रही है और दर्द से मेरा मुँह भिंचा हुआ है। रात अँधेरे में ही गोली खाई थी, अभी तक दर्द जस का तस है। किस करवट लेटूँ, कि ये सहा जाए... रेत पर पड़ी मछली हो गई हूँ।

—मैं मर रही हूँ रूपा... पता नहीं क्या हो रहा है, तुम जाओ, शुरू करो...

कितने उत्साह से सब तैयारी की थी उसने। अकेली ने।

इस अनजान प्रदेश में यज्ञ के लिए लकड़ी, घी, चन्दन, चावल सब वही जमा करती रही थी, अलग-अलग पड़ाव से। इसमें हमारा एक शेरपा रोशन उसकी मदद करता रहा, मुझे तो वह तब बताती, जब एक नई चीज़ और जुट जाती। एक तमिल आंटी से उसने कल पूजा के समय पहनने के लिए साड़ी भी उधार माँग ली थी...

मानसरोवर पहुँचे, तो रूपा की तैयारी बिलकुल आदर्श थी, यज्ञ में चढ़ाई जाने वाली मिठाई समेत। पता नहीं, कहाँ से, वह लड्डू और पिन्नियाँ भी जुटा लाई थी!

और अब यहाँ मैं पड़ी थी...

रास्ते की भीषणता एक प्रतीकात्मक मृत्यु है। जब तक तीर्थयात्रा में मृत्यु-क्षण अनुभव में न आए, पुनर्जन्म का प्रसाद असम्भव है।

लामा अनागरिक गोविंदा

द वे ऑफ़ द व्हाइट क्लाउड्स

जब भाग्य में नहीं होता, तो यही होता है।

और फिर उस असीम पीड़ा के क्षण मैं प्रार्थना में चली गई, बिलकुल वैसे जैसे दिल्ली में डॉक्टर की मेज़ पर फ़िज़ियोथेरेपी करवाते हुए चली जाती थी...

महादेव जी, आपकी बच्ची हूँ, बड़ी दूर से आई हूँ, मेरी यात्रा सुखद करो महादेव जी...

पता नहीं कितनी देर।

और तब अकस्मात ही वह अदृश्य चिमटा बीच हवा में रुक गया, जो रात भर मेरीं अँतड़ियाँ खींचता रहा था। मैं एकदम स्वस्थ होकर बिस्तर पर उठ बैठी। क्या सचमुच कुछ देर पहले वह मैं ही थी, जो पीड़ा में लोट रही थी?

न अब पीड़ा थी, न उसकी स्मृति... कहीं मैं कोई सपना तो नहीं देख रही थी?

पूजा में पहुँची, तो अब भी भ्रमित थी...

अभी-अभी यह क्या हुआ था?

रूपा को पूजा शुरू किये दस मिनट ही हुए थे। रूबी-पंकुल, रोशन, एक पूना वाले प्रोफ़ेसर हवन-कुंड के गिर्द बैठे थे।

तेज़ हवा थी और यज्ञ की अग्नि थी...

प्रार्थना के मंत्र थे, रूपा के ऊँचे स्वर में आह्वान था। कौन ऐसा देवता होता, जो इस आवाज़, इस भाव को सुनकर रुक जाता?

निर्मल, देख रहे हो इस छोटी सी लड़की को? कैसे पुकार रही है देवताओं को? कहती थी, पूजा करेगी तुम्हारे लिए...

रूपा का अधमुँदा मुख, सूर्य के तेज़ से दमकता...

और तब अचानक मुझे फिर कौंधा। कहीं यह गायत्री तो नहीं?

ऐसा नहीं कि यह विचार इस यात्रा में मुझे पहले नहीं आया था...

सारे रास्ते जब कभी मैं उसे देखती, मंत्र पढ़ती, दंडवत सूर्य नमस्कार करती, शिव के स्तोत्र पढ़ती, तो मुझे बरबस यह सन्देह घेरता था।

हो सकता है, इस समय गायत्री माँ इस पर सवारी कर रही हों और इसे पता न हो?

पहचानना तो आपको पड़ेगा, रिनपोछे ने कहा था।

मानसरोवर की उस सुबह जब रूपा ने वह अद्भुत, अलौकिक पूजा समाप्त की, तो मैं बरबस उसके चरणों में झुक गई।

कम-से-कम उस क्षण वह मेरी देवी गायत्री ही थी...

23

चेन्नई के हमारे साथियों ने सामान बाँध लिया है। पंढरपुर वाले महाराज जी भी यहीं से विदा हो जाएँगे। देखती हूँ, रूपा के फ़िल्म वाले साथी भी लौटने को तैयार खड़े हैं...

अरे, इन्हें क्या हुआ? कल तक तो ये सब बड़े उत्साही थे? इस एक रात में क्या हो गया?

—नहीं, नहीं, अब चलेंगे। मिस्टर बाबू कहते हैं, *परसों से बैंगलौर में शूटिंग भी तय कर रखी है।*

यह तो इन्हें कल भी पता था। आज अचानक क्या हो गया?

—साठ प्रतिशत यात्रा तो हो ही गई है...

इतना काफ़ी है? मानसरोवर तक आ गए, कैलाश नहीं जाएँगे? (जो फ़िल्म बनानी थी, उसका क्या हुआ?)

वे सब चुप हैं, रहस्यमय ढंग से। हम लोग पूजा कर रहे थे, जब पीछे उन तीनों ने चुपचाप यह फ़ैसला किया, लौट चलने का। रूपा हैरान है, उन्हें अविश्वास से

देख रही है। क्या कहे, कुछ समझ नहीं पा रही।

कोई साथी बीच रास्ते से लौटना ही चाहे, तो कौन रोक सकता है?

—हुआ क्या?

हम तीनों बाद में बार-बार रूपा से पूछते हैं। उसे कुछ पता हो तो बताए।

—इतनी प्रैक्टिस कर रहे थे, मास्क पहन-पहन कर। ताक़त बचा रहे थे...

रूपा मुझे कनखियों से देखती है, मैं रूपा को, कि फिर हँसी छूट पड़ती है, इस बार हमारी ही नहीं, पंकुल-रूबी की भी!

चिऊ गोम्पा। मानसरोवर के तट पर।

हमारी धर्मशाला से दिख रहा था, सामने की पहाड़ी पर, छोटी चिड़िया जैसा। ड्राइवर यहाँ तक गाड़ी में ले आया, तब पता चला, यही देख रहे थे हम नीचे से। इसके नाम का अर्थ भी यही है।

चिऊ यानी चिड़िया!

सागा दावा के नये-नये प्रार्थना-ध्वज बँधे हैं चट्टानों से। गाड़ी जहाँ तक हमें ले आई, उसके ऊपर अभी और खड़ी चढ़ाई है।

धीरे-धीरे चलो। किसी से होड़ नहीं करनी। ख़ुद से कहती हूँ। रास्ते के मुसाफ़िरों ने कहा था, याद है न?

दरवाज़ा बन्द है। बाहर से। फिर भी हम खटखटा रहे हैं। तेज़ हवा है, तीखी धूप

है। हम दरवाज़े के बाहर बैठे हैं। इतनी दूर आए हैं, तो अब देखकर ही जाएँगे।

—खोल लें?

रूबी अनिश्चय में पूछती है।

हम खोल लेते हैं। और क्या करें? कितनी देर बैठे रहें? कोई आ गया तो? किसी ने हमें बाहर से बन्द कर दिया तो? चोरों की तरह डरते-डरते हम भीतर घुसते हैं।

गोम्पा नहीं है। गोम्पा का आँगन है। एक तरफ़ मिट्टी की कोई पुरानी देव-मूर्ति जीर्ण अवस्था में परित्यक्त-सी पड़ी है। झोंपड़ी जैसी छत है उस पर। यहाँ पूजा होती होगी, ऐसा तो नहीं लगता।

कई सारे तल्ले हैं भीतर, पहाड़ की कटान के साथ-साथ, छाजे-अनछाजे देवस्थान। सारा स्थान न घर जैसा है, न मन्दिर जैसा। कुछ ऐसा दरिद्र-सा, जैसे अभी-अभी यहाँ कोई सेना आई हो, लोग भाग गए हों...

लोगों की उपस्थिति है भी और नहीं भी। जैसे जो बचे रह गए हैं, उन्हें मालूम नहीं, कि वे बच गए हैं...

एक आतंक-सा इस सुनसान में भी पता नहीं कैसे, कब से गूँज रहा है।

—चलें?

मुझे कुछ ठीक नहीं लग रहा यहाँ। जैसे कोई आसन्न विपत्ति है हवा में।

—ठीक है।

हम बाहर आ जाती हैं, उसी तरह कुंडी बन्द करके। अब जाकर साँस में साँस आई।

चोर बनना भी बड़ा मुश्किल काम है!

सामने मानसरोवर दिख रहा है। पीछे गंधक का सोता, गंगा-छू। कल हम वहीं गए थे नहानघर में। गंगा-छू मैले नाले-सी दिख रही है, गंधक जमा है, इसलिए।

यह जा कहाँ रही है? दूसरे ताल में, राक्षस-ताल में। वह रहा पीछे राक्षस-ताल।

लौटकर पढ़ती हूँ, जिस साल गंगा-छू में जल रहता है, मानसरोवर का जल राक्षस-ताल की ओर बहता है, वह साल तिब्बतियों के लिए शुभ होता है। तिब्बती ऐसा मानते हैं।

फिर तो यह साल शुभ होना चाहिए। गंगा-छू में पानी है, यह हम देख आए हैं...

पंकुल हमें कब से पुकार रहा है। उसकी आवाज़ सुनाई दे रही है।

—कहाँ हो?

न हमें वह दिखाई दे रहा है, न उसे हम।

ऊपर की पहाड़ी पर खड़ा है!

—वहाँ कैसे पहुँच गए तुम?

घूमता-घूमता कहीं और से चढ़ गया है ऊपर।

—आप वहाँ क्या कर रहे हो? गोम्पा इधर है...

हम कम-से-कम तीस फ़ीट नीचे खड़े हैं। कहाँ से आएँ?

लम्बा घुमाव घूमकर पहुँचते हैं ऊपर। प्रार्थना बिगुलों की आवाज़ आ रही है। गहन-गम्भीर आवाज़ में मंत्र। इतनी घनी आवाज़ में उच्चारित मंत्र। इन्हें सुनने के लिए देवताओं को बिलकुल नीचे आना पड़ता होगा, एकदम मुँह के पास!

धीमे से दरवाज़ा खोलती हूँ। दीये जल रहे हैं, अँधेरे गोम्पा में छत से रोशनी आ रही है। बीस-एक भिक्षु प्रार्थना में बैठे हैं। एक तरफ़ दो-तीन विदेशी बैठे हैं। बिगुल बजाता एक भिक्षु इशारे से जूता उतारकर भीतर आने को कहता है।

मैं सुबह वाली प्रार्थना में ही इतना ख़र्च हो चुकी हूँ, कि अब न इच्छा है, न शक्ति। दरवाज़े के पास खड़े-खड़े उनकी प्रार्थना सुनती हूँ। बाहर से नमस्कार करके वापस हो लेती हूँ।

तब यदि यह मालूम होता...

कि यही वह गोम्पा है, जहाँ गुरु पद्मसम्भव ने जीवन के अन्तिम सात वर्ष बिताये थे... कि भीतर एक देव-पुरुष की मूर्ति है, जिसके लिए कोई कहते हैं, पद्मसम्भव की है, कोई गुरु नानक की...

मैंने नहीं देखा... मैं भीतर नहीं गई।

बाहर से ही लौट आई ऐसे तीर्थ से!

यही हैं स्वर्ग की सीढ़ियाँ?

जैसे सृष्टि ठिठक गई हो
उत्पत्ति के प्रथम दिवस पर

स्वर्ग और पृथ्वी आ गए हों
एक दूसरे के समक्ष

किसी आदि संयोग से...

लामा अनागरिक गोविंदा
वही

24

बिछुड़े सभी बारी-बारी...

उनतीस लोगों के समूह में बचे-खुचे हम सात जन दारचेन आ गए हैं। हम चार और पूना के तीन प्रोफ़ेसर... मानसरोवर से ग्यारह किलोमीटर आगे, कैलाश पर्वत के चरणों में बसा एक गाँव। दारचेन।

कल सुबह यहीं से परिक्रमा शुरू होनी है...

हमारे साथ छह जन और हैं—हमारे तिब्बती और नेपाली गाइड बन्धु, हमारे तिब्बती और नेपाली शेरपा, एक रसोईदार महाराज। और पूना के मिस्टर अजीत, जिनकी श्रेणी तय करना मुश्किल है कि वह यात्री हैं, कि एजेंट, कि गाइड!

इस परीक्षा में पता नहीं सबसे पहले कौन गिरेगा?

सबको मेरी ही आशंका है... मुझे भी!

करूँ क्या?

—आप लोग अष्टपद जाएँगे?

हमारा नेपाली गाइड हमें कभी नहीं बताता, हम क्या कर सकते हैं। हमेशा मिस्टर अजीत सुझाते हैं।

—कैलाश का दक्षिण मुख है, नन्दी पर्वत बहुत क़रीब से दिखता है। इतना निकट वह परिक्रमा में भी नहीं दिखता। आप लोग चाहें, तो गाड़ी काफ़ी दूर तक आपको ले जाएगी। उसके बाद पाँच-छह किलोमीटर की चढ़ाई है। हो आएँ, तो अच्छा है, अभी काफ़ी दिन है। कल के लिए कितनी तैयारी है, इसका अन्दाज़ा भी हो जाएगा...

—कल भी ऐसे ही पहाड़ मिलेंगे?

—लगभग।

चलो भाई, जूते कसो। आज बता दो सबको, जा पाओगी कि नहीं! ऊपर मरने से अच्छा है, अभी भी यहीं रह जाओ...

सुन्ना हमें गाड़ी में बैठाकर ले आया है। बड़ा ऊबड़-खाबड़ रास्ता है। चारों तरफ़ ऊँचे पहाड़, नीचे तलहटी में हम। बर्फ़ की जमी एक नदी है। बीच-बीच में दलदल। जाने कितनी बार लगता है, गाड़ी अब फँसी, अब गिरी, लेकिन सुन्ना सावधानी से निकाल ले जाता है। बहुत होशियार ड्राइवर है! बहुत बढ़िया गाड़ी है लैंडक्रूज़र।

छोटी-सी कोई चिड़िया है, बड़ी तीखी-तेज़ आवाज़ है उसकी। सारी घाटी में आवाज़ गुँजाती घूम रही है। नज़र नहीं आती। दिखती है तो एकदम पिद्दी। क्या पिद्दी क्या पिद्दी का शोरबा। मुहावरा अब जाकर समझ में आया!

एक और प्यारा-सा जानवर, हरे-भूरे रंग का। हमें यहाँ-वहाँ घूरता मिल रहा है। क्या नाम है इसका?

नेवले की जाति है कि गिलहरी की? कुछ पता नहीं चलता।

—हमारे यहाँ इसे मूसा कहते हैं।

रोशन कहता है।

ख़रगोश जितना बड़ा मूसा?

जो भी है, शर्मीला है, हमारे आते ही छुप जाता है। सोचता होगा, पता नहीं कौन आ गए हैं!

बाद में पता चला, वह सचमुच मूसा-ख़रगोश था, तिब्बती नाम था उसका, चिपि!

नदी और पहाड़ों के बीच एक छोटी-सी समतल जगह है। सुन्ना ने गाड़ी वहीं रोक दी है। इशारा करता है, जाइए, आगे जाइए, उधर, ऊपर।

ऊपर कैलाश दिखाई देते हैं। बर्फ़ में बनी सीढ़ियाँ... क्या कभी इन सीढ़ियों पर महादेव जी आते होंगे? नीचे से पार्वती को बुलाने? पता नहीं कैसी होगी उनकी गृहस्थी, वहाँ ऊपर? क्या करते होंगे सारा दिन भर?

हम गाड़ी से उतरते हैं।

—अच्छा सुन्ना, आते हैं।

वह सिर हिलाता है। फिर उसे अचानक कुछ याद आता है। मेरा रास्ता रोकता है, रुकने को कहता है।

क्या बात है? क्या ढूँढ़ रहा है गाड़ी की पिछली सीट के नीचे?

छड़ी? सुन्ना मुझे छड़ी दे रहा है। उसे सब पता है, ये लोग आगे निकल जाएँगे।

—आप डरना नहीं, अपनी गति से जाना, धीरे-धीरे, आपकी यात्रा ज़रूर सफल होगी।

हाथ जोड़ता है।

हमें एक-दूसरे की भाषा नहीं आती तो क्या, मेरा भाई है वह। मेरी चिन्ता कर रहा है। सच्चे मन से चाहता है, मैं कोरा कर सकूँ। मैं उसकी आँखों में, उसके कहे में

सब महसूस कर सकती हूँ। जानवर तक प्रेम बूझ लेते हैं, फिर हम तो इनसान हैं।

कोई ख़ास ऊँचाई नहीं। धीरे-धीरे ऊपर उठता रास्ता। काफ़ी कुछ लद्दाख के पहाड़ों जैसा, जब मैं लिकीर गोम्पा गई थी पैदल। दस साल पहले।

बीस क़दम चलते ही वे दस साल दुखने को हो आते हैं।

धीरे-धीरे भी नहीं चला जा रहा। पैर जैसे उठता ही नहीं। कोई मुझे देख तो नहीं रहा? ग़नीमत है, न कोई मेरे आगे है, न पीछे। निपट अकेली हूँ मैं।

नहीं, निपट नहीं, छड़ी मेरे साथ है। बड़ी काम आ रही है। उसी के सहारे रुककर साँस लेती हूँ। हर दस क़दम पर रुक रही हूँ, चल रही हूँ।

हवा का ऐसा दबाव है कि दिल फटने को हो रहा है। दुगुने आकार तक तो सीने में फैला हुआ दिल महसूस हो रहा है...

इतना लम्बा साँस का रस्ता?

बीच में कभी भी रुक जाए!

मैं नहीं पहुँच पाऊँगी डोल्मा-ला। मेरी लाई चीज़ें मेरे साथ ही वापस जाएँगी।

—तारा माँ...

पता नहीं कब मैंने पुकारा है। न महादेव जी, न उमा को। तारा को।

प्रार्थना लायक़ नहीं बची माँ। मेरी रक्षा करो माँ।

आँखें अँधेरे में घूम रही हैं।

अन्त है यह?

छड़ी लिये हाँफती खड़ी हूँ, पहाड़ों के बीच।

पता नहीं कब साँस स्वस्थ हुई, आँखें कब पीली,

फिर हरी, फिर सफ़ेद रोशनी से रोशन हुईं...

मैं बढ़ रही हूँ धीरे-धीरे। साँस अब भी फूल रहा है। अब भी रुकती हूँ। रास्ता पहले जैसा ही मुश्किल है। बस मैं ख़तरे का निशान फाँदकर दूसरी ओर चली आई हूँ।

दूर ऊपर वे तीनों खड़े मुझे देख रहे हैं। रूबी, पंकुल, रूपा।

—आप रुक जाइए, हम वहीं आ रहे हैं।

क्यों रुक जाऊँ?

मैं चलती जा रही हूँ। वहाँ तक जाऊँगी, तभी तो लौटूँगी! जाऊँगी नहीं तो लौटूँगी कैसे? तुम लोग इन्तज़ार करो, मैं गई और आई।

तीनों देख रहे हैं। हैरानी और अविश्वास से।

लौटते हैं तो सुन्ना तत्परता से आगे बढ़ता है। क्या हुआ?

सब मुस्करा रहे हैं। मैं सबसे ज़्यादा। छड़ी वापस देने लगती हूँ तो मेरे हाथ पकड़ लेता है, आँखों से छुआता है।

—सुन्ना, थैंक्यू छड़ी के लिए!

मेरे सिर पर हाथ आ गया है उसका।

—गोम्पा? गुरु रिनपोछे?

गुरु पद्मसम्भव का गोम्पा है यहाँ? हाँ, हाँ, जाइए, माथा टेक आइए।

सुन्ना न बताए, तो चिऊ गोम्पा की तरह यह गोम्पा भी छूट जाए!

—सुन्ना, तुम कितने अच्छे हो मेरे भाई!

सब नास्तिक इधर आ जाएँ। अपनी दीक्षा पूरी कर लें।

रूबी, पंकुल मेरे पीछे-पीछे आ रहे हैं। मन्दिर ऊपर की मंज़िल पर है। मुझे हैरानी होती है, जब पंकुल गुरु रिनपोछे के चरणों में एक 'माओ' डालता है।

अच्छा? बड़ी भक्ति आ रही है?

—आपको किसने कहा कि मैं नास्तिक हूँ?

झेंपता हुआ वह हँस रहा है।

—निकले तो तुम ट्रेकिंग करने थे?

—दीदी, आप भी न बस!

साथ में कुछ नहीं जाएगा। सब यहीं छोड़ना होगा। बस उतना भर ले लें जो ख़ुद ढो सकते हैं...

हम कैलाश जा रहे हैं कि परलोक? कि दोनों?

क्या-क्या चाहिए होगा?

थरमस? नहीं, भारी है। प्लास्टिक की बोतल ठीक है।

डाउन पैंट (एक नहीं, दो-दो मैंने नियालम में ख़रीदी थीं, कि कहीं ठंड से मर न जाऊँ!) इन्हें पहनकर चलेगा कौन? जो ट्रैक-पैंट पहनी है, वह काफ़ी है, इसके नीचे थरमल। एक हल्की पैंट और एक जोड़ी मोज़े रख लेती हूँ। गीली हो गई तो...

एक गर्म बनियान, एक स्वेट-शर्ट, निर्मल का हल्का हरा स्वेटर पहना हुआ है।

सब कपड़े हल्के हैं। चलते हुए गर्मी लगी, तो एक-एक तह उतारे जा सकते हैं।

डाउन जैकेट, जो कम्पनी ने सब यात्रियों को उधार दी थी, बहुत गर्म है। रात को

ऊपर ठंड लगी, तो स्लीपिंग बैग के अन्दर भी पहन लेंगे। गर्म लगी, तो पीठ पर बाँध लेंगे।

टोपे तीनों चाहिए होंगे। पल-पल मौसम बदलता है। कभी बन्दर टोपी चाहिए, कभी विंड चीटर, कभी डाउन टोपी।

एक छोटा तौलिया, पेपर-सोप, पेस्ट-ब्रश और हाँ, दवाइयाँ।

और तारा देवी के चरणों में छोड़ी जाने वाली वे चीज़ें, जो बड़ा सँभालकर मैं दिल्ली से लाई हूँ...

सारा डफ़ल बैग मुँह बाये खड़ा है। कितनी चीज़ें भर-भरकर लाए थे। कपड़े, खाने का सामान। अभी लग रहा था, कम न पड़ जाए! रास्ते में और ख़रीद लिया। साथ में कुछ नहीं जा सकता। न उसकी ज़रूरत ही है...

ख़ुद को ढो सकूँगी मैं?

बड़ा मुश्किल है।

सबसे भारी तो वह है, जो भीतर है, जिसे निकालकर अलग नहीं रखा जा सकता, जिसे गले में बाँधे-बाँधे यहाँ तक आ गई हूँ...

छोड़ पाऊँगी उसे?

25

तारबुचे से यात्रा शुरू होगी। तारबुचे तक हम जीप से जाएँगे।

तारबुचे यानी प्रार्थना-ध्वज का डंडा।

कैलाश के चरणों में यह जगह है। चौड़े आँगन जैसी। बीचोबीच झंडा लगा है, और उसके डंडे से बँधी हज़ारों झंडियाँ, बौद्ध प्रार्थना-मंत्रों की। चारों दिशाओं में पाँचों रंग हवा में फड़फड़ा रहे हैं। लाल, नीला, सफ़ेद, हरा, पीला। अभी-अभी सागा दावा उत्सव पर डंडा बदला गया है।

इस बार का झंडा एकदम सीधा है, न वह कैलाश की ओर झुका हुआ है, न दूसरी ओर। यह शुभ का संकेत है। एक ओर झुका हो तो बुरा है, कैलाश की ओर झुका हो, तो भयंकर है!

तिब्बती ऐसा मानते हैं...

यहीं यम-द्वार है। क्या उपनिषदों वाला, नचिकेता वाला यम-द्वार यही है? कुछ पता नहीं चल पाता।

ऊपर, दाईं ओर, कैलाश की दिशा में, एक पहाड़ी पर कहते हैं, तिब्बत के चौरासी महासिद्धों की आकाश-समाधियाँ हैं। आकाश-समाधियाँ, यानी मनुष्य के अन्तिम अवशेष चीलों-गिद्धों को खिलाने का स्थान...

वहाँ हम जा नहीं सकते। इसे असम्मानजनक माना जाता है।

प्रार्थना-ध्वजों और यम-द्वार के बीच से गुज़रकर हमारी यात्रा शुरू होती है...

अब हम सात साथी एक-दूसरे से भी जल्दी ही छूट जाएँगे।

यह यात्रा अकेला कर देने वाली है। बस अपने शव का साथ, शिव के लिए...

लेकिन रोशन मेरे साथ है। हमारा नेपाली शेरपा। सब लोग अलग-अलग ग्रुप में बँट गए हैं। वह मेरे साथ-साथ आ गया है। उसे पता है मुझे मदद की ज़रूरत पड़ेगी...

—आपका बैग ले लूँ?

बहुत कोमल आवाज़ है उसकी, वत्सल, जैसे किसी छोटे बच्चे के पिता की, जो अपने बच्चे से बहुत बातें करता हो...

उसने जिस तरह पूजा का सामान जुटाने में रूपा की मदद की, उसके बाद मेरा बहुत स्नेह हो गया है उससे। कई बातों का कभी धन्यवाद नहीं किया जा सकता... वह सब समझता है।

सारे ग्रुप को छोड़ वह मेरे साथ आ गया है।

—रोशन, आप कितने साल से शेरपा हैं?

—मैडम, मैं शेरपा नहीं, राय हूँ।

राय या राईं? मैं ठीक से पकड़ नहीं पाती।

—क्या फ़र्क़ है दोनों में?

—शेरपा बौद्ध होते हैं, राय हिन्दू। वैसे दोनों के पाँव दोस्त हैं हिमालय के।

रोशन बतरस का शौक़ीन है। कुछ मेरे साथ अपनापा भी हो गया है। मुझे कई तरह की राम-कहानियाँ सुनाता चल रहा है। उसकी बातें सुनते हुए पता नहीं चलता कि हम पन्द्रह हज़ार फ़ीट की ऊँचाई पर हैं, कि आज हमें धीरे-धीरे अगले छह-सात घंटों में साढ़े सोलह हज़ार फ़ीट तक पहुँचना है।

आज चलने में कोई दिक़्क़त नहीं, न साँस में। विश्वास नहीं होता कि कल मैं मरने वाली थी... जब मैंने तारा माँ को पुकारा था...

रोशन नेपाली शादी की रस्में बता रहा है, कैसे दूल्हा एक बोतल शराब के साथ दुल्हन के पिता के पास उसका हाथ माँगने जाता है। जब मँगनी, शादी, भोज, शादी में पहने जाने वाले विशेष टोपे की बात बता चुकता है तो कहता है, *इसके बाद फ़ोटो खींची जाती है।*

मैं उससे पूछती हूँ, *टोपे में आपका फ़ोटो भी है?*

वैसे पूछती इसलिए हूँ कि इस वक़्त हम दोनों ने हवा से बचने के लिए बन्दर-टोपे पहन रखे हैं, और पूरे बन्दर लग रहे हैं!

—मैंने शादी नहीं की थी मैडम, लड़की भगाकर ले आया था...

—ऐं? ऐसा क्यों किया तुमने? क्या वो मानते नहीं थे?

—बस ऐसे ही।

पूरी बात नहीं बताता। बड़ा रोमांटिक आदमी है! मुझसे शरमा रहा है...अरे, अपने ससुर से तो तुम शरमाये नहीं? चेहरे पर उसके वही नूर है, पहले प्रेम वाला, जब अपनी बीवी के बारे में बताता है। छोटी-छोटी बातें...

—कितने साल हो गए?

—दस साल।

—बच्चे?

उसकी आवाज़ एकदम बुझ जाती है।

—नहीं हैं...

—क्यों? किसी डॉक्टर को दिखाया?

—हाँ, सब टेस्ट हुए। कहता है, मेरे में कमी है, दो साल तक दवा खानी होगी... छह महीने खाई, फिर छोड़ दी। आप देख रही हैं मेरा काम...

—रोशन, दवाई तो खाते रह सकते थे?

वह फिर पूरी बात नहीं बताता। बच्चे की ऐसी लालसा उसके चेहरे पर आई है।

—क्या दो साल का सब्र नहीं?

बात यही है।

—और उपाय क्या है?

—डॉक्टर कह रहा था, बच्चा बन सकता है, लेकिन दो लाख रुपये ख़र्च आएगा... मेरे पास दो लाख कहाँ से आएगा?

सही कह रहा है।

कैसी झुनझुने जैसी आवाज़ है इसकी, बच्चे को पुचकारने जैसी... किसी अदृश्य सन्तान से तो बातें नहीं करता रहता?

पीछे से याक का एक झुंड आ रहा है। हमारा ही सामान लेकर आ रहे हैं। टेंट, रसोई...

याक कैसा आत्मलिप्त प्राणी लगता है, एकदम भोथरा।

दीन-दुनिया से इतना बेलाग कि दुनिया कुछ भी कर डाले उसका।

जिन जानवरों से ख़ूब हाड़-तोड़ मेहनत करवाई जाती है, सभी बेचारे एक-जैसे लगते हैं, मंदबुद्धि...गधा, खच्चर, बैल...

सुना है, याक को बहुत प्यार करते हैं तिब्बती। बच्चे की तरह हर याक को एक नाम देते हैं, हमें वे सब भले एक से लगें, अपने मालिकों के लिए उनमें से हरेक का अपना व्यक्तित्व है।

फिर पता नहीं, कैसे उन्हें खा लेते हैं, सुखा लेते हैं?

मुश्किल होता होगा...

प्रकृति भी कैसे-कैसे इम्तहान लेती है।

—घोड़े को देखना पड़ता है, याक को नहीं।

हमारा तिब्बती शेरपा करमा बता रहा था,

—याक पर एक बार सामान रख दिया, तो पूरा कोरा अपने आप कर लेगा...रुकता नहीं, जब तक रोकोगे नहीं, चलता जाएगा...

कितने प्यारे हैं न! देखो तो, सब के सब चले आ रहे हैं... मेहनती जानवर। ऊपर डेरापुक जाकर ही रुकेंगे! हमसे ज़्यादा पुण्य तो ये याक ही कमा चुके होंगे, कोरे कर-करके!

आज निचली पीठ में दर्द होना शुरू हुआ है। क्या चढ़ाई पर मेरा बैलेंस ठीक नहीं? टाँगें ठीक हैं, साँस ठीक है, पीठ में टीस उठने लगी है। गोली खा लूँ एक?

क़रीब से पूना के प्रोफ़ेसर जोशी गुज़रते हैं, घोड़े पर।

—आपने घोड़ा ले लिया? हमने सुना, घोड़े पर चलना पैदल से भी मुश्किल है...

—मैडम, हम कैलाश आए हैं, यहाँ कुछ भी आसान नहीं। जो सुविधा मिल सकती है, वह तो ले लें।

बात तो ठीक है। मुझे यह विचार पहले क्यों नहीं आया? आज तो चल लूँगी, कल की चढ़ाई बहुत सीधी है, कल जान निकलेगी...अभी से फ़िक्र हो रही है सोच-सोच कर।

रोशन अपने एवरेस्ट बेस कैम्प के अनुभव सुना रहा है। आठ साल से वह इस धंधे में है। उससे पहले नेपाली सेना में था, जब माओवादी आँख पर पट्टी बाँध उठा ले गए जंगल में।

—दो महीने जंगल में बंधक रखा, कि हमारे लोगों को गोली चलाना सिखाओ।

—तुमने सिखाया फिर?

—और क्या करता? शुरू में कई दिन मना किया, बहुत मारते थे वे लोग... फिर मैं मान गया... दो महीने बाद वैसे ही आँख बाँधकर छोड़ गए। उसके बाद नौकरी छोड़ दी मैंने, ये काम करने लगा।

एक से एक लोग याद हैं उसे, पर्वतारोही।

—जिन्हें एक बार पहाड़ों की लत लग जाती है, फिर वे रह नहीं सकते उनके बग़ैर। आप जब जाएँगी न वापस... आपका दिल नहीं लगेगा... अभी आपको लग रहा है, मुसीबत है, कहाँ आ गए। जैसे ही नीचे जाएँगी, ऊपर आने का मन करेगा। आपने देखा नहीं, चेन्नई वाले ग्रुप में कितने लोग ऐसे थे, जो चौथी-पाँचवीं बार आए थे।

—अभी तो यही हो जाए रोशन...

घोड़ा कर ही लेती! अब कुछ नहीं हो सकता। अब तो सारा रास्ता ऐसे ही जाना होगा।

—एक जापानी बूढ़ा था, बीमार भी। उसे सबने कहा, आपकी हालत ठीक नहीं, आप बेस कैम्प न जाएँ। वो कहे, हर हाल में जाना है। उसे पीठ पर लादकर लाया मैं। बेस कैम्प पहुँचकर उसकी आँखों की चमक देखने वाली थी। दस मिनट बाद ख़त्म! दीदी, ये जो हिमालय है न, टोना कर देता है... फिर आप कहीं के नहीं रहते। मरने के लिए भी यहीं आते हैं...

—रोशन, तुम सारा जीवन पहाड़ों में रहे हो...

अटकती हूँ। ऐसी प्राइवेट बात है, पूछूँ कि नहीं।

—तुम्हें क्या लगता है, भगवान है?

बस एक क्षण की चुप्पी।

—है, दीदी, बिलकुल है...

—तुम्हें कभी कुछ महसूस हुआ है?

कुछ देर वह चुप रहता है, फिर कहता है,

—कभी-कभी मैं अकेला बैठा होता हूँ तो हुआं-हुआं की आवाज़ आती है... किसी जानवर की नहीं, वो आवाज़ें मैं पहचानता हूँ, अलग सी आवाज़। किसी की साँस जैसी, देखो तो आसपास कोई भी नहीं। दीदी, मैं सोचता हूँ, जब और कोई यहाँ नहीं है, तो वो भगवान ही होता होगा!

—तुम बातें तो नहीं बना रहे?

—आपके साथ ऐसा कभी नहीं हुआ?

मैं टाल जाती हूँ।

जिस चीज़ के बारे में आश्वस्त नहीं, उसकी बात करने से फ़ायदा?

मैं थकने लगी हूँ। बीच-बीच में वह मुझे पानी की बोतल देता है, एक घूँट पीने के लिए। पानी पीते रहेंगे, तो सिरदर्द नहीं होगा।

—तुम्हारे काम में क्या अक्सर किसी बीमार को लादना पड़ जाता है?

—हाँ, क्यों नहीं, कोई भारी शरीर का हो तो दो-दो को भी ले जाना पड़ता है।

—तुम्हारी पीठ पर...कभी कोई मरा है?

गुमसुम हो जाता है...

—हाँ, एक डच औरत थी, अपने पति के साथ आई थी ट्रेकिंग पर। बड़ी उमर की थी हालाँकि बूढ़ी नहीं थी... उसकी तबीयत ख़राब हो गई थी... ऑक्सीजन की नली मुँह में लगी थी, पूरे पाँच घंटे का रास्ता पैदल जाना था, तब कोई गाड़ी मिलती...वो रास्ते में...

—तुम्हें पता चल गया था?

—हाँ। मैंने पीठ पर उसे बाँध रखा था, जैसे बच्चे को बाँध लेते हैं... एक घंटे बाद मुझे लगा, उसकी साँस नहीं है... उसके पति को भी पता चल गया था, पर कर क्या सकते थे? न उसने कुछ कहा, न मैंने... पूरे चार घंटे वह मरी हुई औरत मेरी पीठ पर रही...

मैं अब बार-बार रुक रही हूँ।

पीठ दोहरी हुई जा रही है, जैसे मैं किसी को लादे हुए हूँ...

इस वक़्त मेरी पीठ पर और कौन है मेरे सिवाय?

—दीदी, मैं आपको ले चलूँ?

पुचकार जैसी आवाज़ हो गई है उसकी।

—पागल हो गए हो!

मैं हँसने लगती हूँ।

—नहीं सच! बेबी की तरह बाँधकर उठा लूँगा आपको। कोई तकलीफ़ नहीं होने दूँगा...

मेरी सारी पीड़ा तो हँसकर ही ख़त्म हो गई है।

—किताब लिखना काफ़ी मुश्किल काम है, दीदी?

लो, इसे भी सब पता है!

—नहीं रोशन, तुम्हारे काम से ज़्यादा मुश्किल नहीं।

—आप क्या लिखती हैं?

—जो समझ में नहीं आता, उसके बारे में लिखती हूँ...

—समझ में आए बग़ैर?

—लिखते-लिखते समझ में आना शुरू होता है...

—हुँ...

वह कुछ पूछना चाहता है, पर पूछता नहीं।

मेरे लिए राहत की बात है। मुझे ख़ुद को आधी बात उसका जवाब देते-देते समझ में आती...

पास से यात्रियों का एक टोला निकल गया है। किसी दूसरे एजेंट के लोग हैं, चेन्नई से। सब के सब घोड़े पर जा रहे थे। मोटे-मोटे लोग... एक आदमी इतना मोटा कि उसका घोड़ा उस आदमी के सामने घोड़ा नहीं, खच्चर लग रहा था...

अगले दिन उस आदमी को उसके घोड़े ने डोल्मा-ला की चढ़ाई चढ़ते वक़्त पीठ से गिरा दिया। मैं और रोशन दोनों देख रहे थे। *ज़्यादा मोटा होना भी अच्छा नहीं, है न दीदी?*

हँस रहा था पागल।

एक तिब्बती गुज़रते हुए रोशन से बात कर रहा था।

—तुम उसे जानते थे रोशन?

हर तीर्थयात्रा, विशेषकर कैलाश परिक्रमा में, वह क्षण आता है, जब यात्री का अहं टूटता है, अपने से रिश्ता टूटता है। और जैसे ही यह होता है, उसके भीतर विराट को ग्रहण करने की रिक्ति आ जाती है।

लामा अनागरिक गोविंदा

द वे ऑफ़ द व्हाइट क्लाउड्स

—नहीं, वो पूछ रहा था, मैडम को घोड़ा चाहिए।

—अरे, रोका क्यों नहीं?

बीच रास्ते में घोड़ा मिल रहा है! वरना यहाँ इन लोगों की यूनियन है, घोड़ा आपको कोरा शुरू करते वक़्त ही लेना पड़ेगा। तब नहीं लिया, तो बाद में कोई उम्मीद नहीं।

—मैंने तो मना कर दिया! आप घोड़ा चाहती हैं?

—रोशन, कल तो चाहिए ही होगा। कल लिया तो आज के पैसे भी देने पड़ेंगे, फिर आज ही क्यों न कर लें?

—लेकिन आज तो आप सारा रास्ता आ गईं!

—कोई बात नहीं रोशन...

दिल्ली में कभी बस में चढ़ी हूँ? जब से कार रखी है, कार न हो तो ऑटो में जाना भी ख़राब लगता है। ऐसे ही आदतें पड़ जाती हैं, देह को बेकार करने वाली।

—देखता हूँ, शायद आगे मिल जाए।

घोड़े की उम्मीद में तो अब बिलकुल चलने की इच्छा नहीं।

एक घंटे बाद एक टेंट में पड़ाव है। ढाबे में हमारे साथी लंच-पैक खा रहे हैं। मुझे भूख नहीं। यह भी ऊँचाई के दबाव का लक्षण है। एक 'रेड बुल' निकालकर पीती हूँ।

—ये एनर्जी ड्रिंक है? ताक़त तो कुछ मिलती नहीं?

मैंने रोशन से कहा, तो बोला,

—दीदी, नक़ली है, आप भी कहाँ चीनी रेड बुल के चक्कर में पड़ गईं... यहाँ आकर लिया होगा?

अब उसे क्या बताऊँ, झांग्मू में एक-दूसरे की देखा-देखी एक-एक क्रेट ख़रीदा था

सबने! सब नीचे डफ़ल बैग में रह गया। ये दो टिन साथ के लिए रखे थे, कि कोरा करते वक़्त ताक़त रहेगी... वो भी नक़ली निकले... इस ग्रुप का 'ताक़त बनाना' शुरू से ही बेकार गया है...

अच्छी ख़बर यह है कि इस बीच रोशन घोड़े वाले को ढूँढ़ लाया है, बल्कि एक नहीं दो-दो को।

—किसको लेना है?

—पेमा के घोड़े को। रास्ते में पहले यही मिला था न? इसी का हक़ है।

पेमा, ठिंगना-सा।

घोड़े पर दो क़दम आगे जाती हूँ, तो माथा ठनकता है। पेमा घोड़े की रस्सी पकड़े आगे-आगे चल रहा है। कमर में खुखरी बँधी है। चेहरे पर छिपी-सी हिंसा है। इस आदमी की चाल ठीक नहीं... ये ठीक नहीं निकलेगा...

अब कोई कहे, चाल से आपको कैसे पता चल गया? मेरे पास इसका कोई जवाब नहीं। पर आशंका मेरी सच निकली।

सच, बहुत धूर्त निकला पेमा!

मैंने तुम्हें देखा, ईश्वर...

मैं ढूँढ़ रहा था कोई देवदूत
पंख जिसका टूटा हुआ हो...

26

डेरापुक।

कैलाश के चरणों में हमारे टेंट। यूँ हाथ बढ़ा लो और छू लो...

पहाड़ों की माया है यह, कि वे कभी दूर नहीं लगते। पास, हमेशा बहुत पास...

कैलाश के इस पश्चिम मुख पर शेष नाग की लहरियाँ बनी हैं, पौराणिक समुद्र-मंथन के निशान...

इतना सुन्दर, सन्तुलित कोई पर्वत हो सकता है?

जिस ओर से देखो, एक ही जितना चौड़ा, लम्बा। उसके समुद्र-मंथन की मथनी होने में कौन सन्देह करे?

यह मेरु पर्वत क्या सचमुच चौरासी हज़ार योजन नीचे भी है? जितना पृथ्वी से ऊपर, उतना उसके नीचे, उसके भीतर?

क्या सचमुच इस समय पाँच महाद्वीप, सात समुद्र उसकी परिक्रमा कर रहे हैं?

हम यदि कैलाश की परिक्रमा कर लेंगे, तो क्या वह पाँच महाद्वीपों, सात समुद्रों के चक्र समान हो जाएगी? गणित में जिसे कहते हैं, कि क बराबर ख है और क बराबर ग है, तो क्या ख बराबर ग भी सही होगा?

गणेश ने कार्तिकेय से दौड़ जीतने के लिए माता-पिता की ही परिक्रमा कर ली थी, जबकि वह बेचारा सारी पृथ्वी की परिक्रमा कर रहा था! कहाँ की होगी गणेश ने परिक्रमा? यहाँ? कैलाश पर?

हमसे पहले कितने लोग आए हैं यहाँ पर? हे देव-पर्वत!

जिस जगह मैं खड़ी हूँ, इस समय, स्तब्ध, कल कोई दूसरा खड़ा होगा मेरी ही तरह विस्मित। वह भी लौट जाएगा मेरी तरह? तुम यहीं रहोगे अचल, अटल, अबूझ।

क्या मैं मर रही हूँ? मरना यदि देखना है ईश्वर को?

और ईश्वर? क्या तुम भी कहीं से देख रहे हो हमें? हम, जो तुम्हारे दर आए हैं... हम, जो यूँ दीन-हीन इस सूर्यास्त में हाथ बाँधे खड़े हैं...

मैं तुम्हें कहाँ टटोलूँ ईश्वर? सामने उस पर्वत पर? कि यहाँ अपने भीतर ठिठुरते इस बीहड़ में?

कैसा संयोग है, मेरे सब देव आज शाम इस पर्वतमाला पर एकत्र हो गए हैं। पीछे हिमाच्छादित कैलाश और आगे भूरे पर्वत—मंजुश्री, वज्रपाणि, अवलोकितेश्वर!

सन्देह के अपने कवच हैं। अविश्वास करो, तो कुछ भी नहीं।

और आस्था? उसकी अपनी चुनौतियाँ हैं। कौन कहता है कि आस्थावान होना निर्द्वंद्व होना है?

माना कि 'वे' सब हैं। लेकिन अब ज़रा सिद्ध तो करो कि वे 'इस समय' यहीं हैं!

देवताओ, आज की रात मैं तुम्हारी भिखारिन हूँ... तुम्हारे आँगन में सोने आ गई हूँ...

अभी अँधेरा है जब करमा, हमारा शेरपा, हमें उठा देता है। आज मुँहअँधेरे ही हमें चल पड़ना है।

आज का दिन परिक्रमा का, जीवन का, सबसे मुश्किल दिन होने वाला है।

आज हम कुछ ही घंटों में दो हज़ार फ़ीट तक ऊपर जाएँगे... साढ़े अट्ठारह हज़ार फ़ीट... पर्वतों के वीराने में... एवरेस्ट बेस कैम्प से भी बारह सौ फ़ीट ऊपर... बेचारे-से अपने फेफड़ों के आसरे...

ईश्वर हमारा आना स्वीकार कर लेगा?

इतना निकट इस देव लोक के—हम फिर कभी न होंगे... आज सब परखा जाएगा। हमारी आस्था की सीमा, देह की सीमा। आज हम सीमान्त तक जाएँगे... आज कोई नहीं बचा पाएगा हमें...

तीर्थयात्रा पर निकले थे?

आज देवी हमारी कॉपी निकालकर देखेंगी, हमारा हिसाब क्या है...

पुण्य कमाने निकले थे? आज तुम्हें दंड भी मिल सकता है!

क्या तैयार हो?

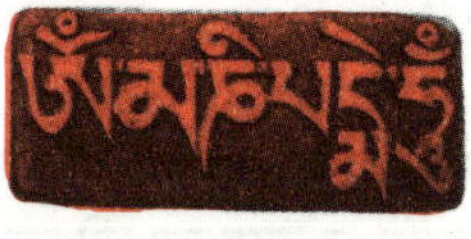

27

—घोड़ा कहाँ है?

अभी तीन-चार किलोमीटर ऐसे ही जाना है सबको। पैदल।

हम जा रहे हैं। क़ाफ़िले में। जाने कितने लोग हमारे आगे-पीछे हैं। सिर-मुँह ढके हुए, कोहरे में। बच्चे-बूढ़े, स्त्रियाँ, घोड़े वाले, तिब्बती, भारतीय...

तिब्बती तीर्थयात्री कितने एकान्तिक लगते हैं। चार-पाँच लोगों के छोटे-छोटे समूह। हाथ में माला, प्रार्थना-चक्र। ख़ुद से बुदबुदाते चले जा रहे हैं, जैसे सारी सृष्टि में उनके और उनके ईश्वर के सिवाय कोई है ही नहीं...

भारतीय तीर्थयात्रियों के शोरगुल से कितने अलग।

न हाथी है, न घोड़ा है, वहाँ पैदल ही जाना है...

हम डेरापुक की ऊपर वाली पगडंडी पर हैं। नीचे उसके बराबर ल्हा-छू की धारा बह रही है... हम दाएँ मुड़ जाएँगे, डोल्मा-ला की तरफ़। ल्हा-छू आगे बढ़ जाएगी सीधी, सिंधु बन जाएगी...

जब तुम परिक्रमा करते हो, तुम्हारे पैर एक क़दम से दूसरे तक का रास्ता तय करते समय बीच की जगह छोड़ देते हैं। लेकिन जब साष्टांग प्रणाम करते हुए जाते हो, तुम्हारी सारी देह उस पवित्र धरती को छूती है, उसे अपनी देह के घेरे में बाँधती है।

वलाई लागा

हम सिंधु के उद्‌गम के ही आस-पास हैं! स्वामी प्रणवानंद की किताब पास में रही होती, तो ठीक-ठीक पता चलता, किस ओर क्या है। सन् चालीस के दशक में तीन-चार साल इस इलाक़े में रहकर बड़ा वैज्ञानिक काम किया था उन्होंने। पहली बार मानसरोवर में नौका उतारकर यंत्रों से झील की गहराई नापी थी। और भी कई तरह के अनुसंधान। आज भी उनकी किताब को आधिकारिक मानते हैं लोग। आसानी से नहीं मिलती, पर मिल जाती है।

हम दाएँ मुड़ेंगे तो ऐसा नहीं कि सीधे चढ़ जाएँ पर्वत पर, डोल्मा-ला के लिए।

पहले नदी पार करनी होगी। डोल्मा-छू।

बाँस का पुल है। थोड़ा डगमगाता है, लेकिन पार पहुँचा देता है!

हम सब पार हो रहे हैं, एक के बाद एक। कोई डेढ़-दो सौ लोग तो होंगे इस वक़्त? तीस-चालीस घोड़े भी?

—माँ!

प्राण हलक़ में फँसने से पहले ही घोड़ा आ गया है।

काले रंग, उदास आँखों वाला। माथे पर लाल रिबन बँधा है। पता नहीं, इसके नीचे इसे कुछ दीखता भी है कि नहीं?

इसके मालिक को मैं धन दूँगी। और इसको? इतनी बड़ी तीर्थयात्रा यह मुझे करवाएगा, आधा पुण्य तो इसे मिलना चाहिए?

अभी मैं इसके लिए तैयार नहीं। पुण्य पहले ही बहुत कम है मेरे पास।

बैठने से पहले मैं उसे छूती हूँ, उसकी गर्दन को, उसके धड़ को। मेरे पास कृतज्ञता के इस स्पर्श के अलावा कुछ नहीं।

घोड़े पर मुझे रोशन ने ही चढ़ाया है, 'बेबी' की तरह! मेरे दोनों पैर रकाब में डाल दिये हैं, काठी को कहाँ से पकड़ना मज़बूत रहेगा, समझा दिया है।

—इसकी नकेल नहीं पकड़नी?

—नहीं, नहीं। उसमें ग़लती हो गई तो भाग सकता है, आपको गिरा सकता है।

मैं घोड़े की गर्दन को सहला रही हूँ। तुम्हें मुझ पर ग़ुस्सा तो नहीं आ रहा कि मैं यूँ मज़े से तुम पर बैठी हूँ?

उसने गर्दन को झटका है। मेरे हाथ का स्पर्श उस तक पहुँच गया है। अब मैं चुपचाप बैठी रहूँ, उसे अपना काम करने दूँ।

—रोशन, तुम मुझे छोड़कर तो नहीं जाओगे? (अपने 'बेबी' को?)

—मैं यही हूँ, आपके बिलकुल बराबर। इधर-उधर मत देखिए। बस सीधे। नहीं तो सन्तुलन बिगड़ता है।

—रोशन, ये पेमा मुझे ठीक नहीं लग रहा। एकदम लापरवाह है। इधर-उधर बातें कर रहा है। इसका ध्यान ही नहीं कि घोड़ा पत्थर फाँदता है, तो मेरा पाँव कहीं पत्थर और घोड़े के बीच फँस न जाए। मेरा पाँव एकदम फँसा हुआ है, मैं उसे बिलकुल हिला नहीं पा रही, रोशन!

—अब ठीक है?

—हाँ।

उठान से पैंतालीस डिग्री के कोण पर तो हम अभी जा रहे हैं, मैं और घोड़ा। बड़े-बड़े पत्थरों के बीच से। नीचे बर्फ़ की दलदल है। घोड़ा बार-बार फिसलता है। ये पत्थर थोड़े ही हैं। चट्टानें हैं। घोड़ा भी कहाँ तक कूदे। इस पत्थर और उस पत्थर के बीच बेचारे की काया के लिए कोई जगह तो हो!

आगे साठ डिग्री और

पचहत्तर डिग्री की उठान आने वाली है!

भीड़ कैसी है! कोई कह सकता है कि यहाँ मर सकते हैं? सब यूँ दौड़े जा रहे हैं, जैसे आगे डोल्मा-ला पर मौत नहीं, ज़िन्दगी खड़ी मिलेगी...

पहले साँस की मुसीबत थी, पीठ-दर्द की मुसीबत थी। अब साँस, पीठ-दर्द और डर की मुसीबत है।

—हड्डी टूट गई तो कितनी दूर जाना पड़ेगा, रोशन?

यहाँ मरना बेहतर होगा, हड्डी तुड़वाने से। फिर भी पूछ लेना चाहिए। घोड़े पर चढ़कर बैठी हूँ। अब न मरने पर बस है, न हड्डी तुड़वाने पर। अब पेमा जो चाहेगा, वही होकर रहेगा!

पेमा कमबख़्त! पैसे तो तू मुझसे लेगा, बातें तू दूसरों से कर रहा है! देख तो सही, तेरा घोड़ा जा किधर रहा है!

लो! अब ये तीन साल के बच्चे को मेरी रस्सी पकड़ाकर कहाँ चला गया? घोड़ा सीधी चढ़ाई पर खड़ा है। चाहूँ, तो भी मुड़कर कमबख़्त पेमा को नहीं बुला सकती।

कितने घोड़े हैं इसके पास? लगता है, यहाँ के सारे ही घोड़े इसके हैं। कभी एक को ठीक करता है, कभी दूसरे को। सारी सवारियों को एक साथ ही गिरा दे पेमा! तुझे छुट्टी मिले और हमें भी! दो घोड़े इसकी औरत ने पकड़ रखे हैं, एक साथ। उधर वो काना रिश्तेदार भी इसी का है, कल वह मेरा घोड़ा चला रहा था। दो छोटे-छोटे बच्चे भी घोड़े सँभालने में लगे हैं। घोड़े मानेंगे भला उनकी बात?

वो उधर गिर गया है कल वाला मोटा! उसका घोड़ेवाला पेमा से भी नालायक़ है! अरे, तेरा घोड़ा सीधा ही खड़ा हो गया दो पैरों पर? सवारी नीचे जा पड़ी है। तुझे पता नहीं, कैसे रोकना है उसे?

—ओ मैडम, ओ मैडम!

हैं? मुझे कोई बुला रहा है? हाँ, हाँ, मुझे ही तो!

—घोड़े की गर्दन के एंगल पर मुड़ जाइए आगे को! पूरा! चढ़ाई पर कैसे बैठना

हम 'घोड़ों' को चाहे किसी नाम
से पुकारें, समस्या वही रहती है,
वे हमें हाँकें या हम उन्हें।

आनन्द कुमारस्वामी

है, बताया नहीं घोड़े वाले ने? अभी घोड़े का बैलेंस बिगड़ता, तो दूसरी सवारी आपकी होनी थी नीचे!

बड़ी शुक्रगुज़ार हूँ पास से गुज़रते गाइड की। गाइड दूसरे ग्रुप का है, बचा मुझे रहा है! अच्छा आदमी है।

—आपको यह तो पता है कि उतराई पर क्या करना है? ये भी नहीं बताया? अजीब बात है! उतराई पर पीछे खिंचकर बैठना है, घोड़े की पीठ के एंगल पर।

—थैंक्यू, थैंक्यू सो मच!

पेमा कहाँ ग़ायब है अभी तक? मेरे सामने आकर खीसें निपोरकर फिर चला गया है।

उधर आगे घोड़े रुके खड़े हैं। वहाँ दलदल में फँस गया है एक घोड़ा। बेचारे ने सवारी नहीं गिराई फिर भी! भला जानवर है, बिलकुल देवता!

—रोशन ! तुम्हें घोड़ा सँभालना आता है? मालूम है, क्या करना है?

कुछ बोल दे भैया! पहले पेमा ने ख़ून सुखाया है, अब तू सुखाना। सारी प्रैक्टिस घोड़ा सँभालने की मुझे बैठाये-बैठाये मत करना भाई!

कुछ भी नहीं कर रहा। घोड़े की रस्सी को बिलकुल ही ढीला छोड़ दिया है! चाहे तो घोड़ा मुझे भगा ले जाए!

घोड़ा भागेगा नहीं, तो इसलिए कि आसपास बड़ा जमघट है, वरना तुम लोगों ने मुझे मरवाने की कोई कसर नहीं छोड़ी! ले जाना मेरा मुर्दा पीठ पर डालकर। कम-से-कम उसका अभ्यास तुम्हें है!

घोड़ा बड़ी शान्ति से नीचे देखता रास्ता बनाता बढ़ रहा है।

रोशन उसे बताता नहीं, किधर से आना है। वह पत्थरों को देख ख़ुद ही तय करता है, इधर से आए या उधर से। न रोशन उसे थपथपा रहा है, न बुला रहा है। बस रस्सी को उसके रास्ते से हटा देता है।

तक़रीबन सारे रास्ते, चढ़ाई के साथ-साथ प्रार्थना-ध्वज लगे हुए थे। इसीलिए जब रोशन ने एक पत्थर के पास रोककर हाथ बढ़ाया, *उतरिए,* तो मैं समझी नहीं।

—डोल्मा-ला आ गए?

—वह देखिए!

कितनी देर लगी होगी ऊपर आने में? डेढ़-दो घंटे?

पहाड़ की सीधी पीठ है, इतनी सीधी, कि बर्फ़ उस पर टिक नहीं सकती... नीचे पुरानी जमी बर्फ़ है और ताज़ा कीचड़... एक आँगन जितनी समतल जगह है चोटी पर। वहीं सामने एक बड़े डंडे पर सैकड़ों प्रार्थना-ध्वज, वहाँ से हर पत्थर तक जाने कितनी लड़ियाँ बँधी हैं प्रार्थना-ध्वजों की...

नीचे ढेर के ढेर कपड़े, नये-पुराने, क्या-क्या सामान...

पहुँच गई मैं? डोल्मा ला?

28

देवी के चरणों में पहले ही भीड़ है।

इन्हीं में मुझे अपने प्रियजन उसे सौंपने हैं।

हाथ काँप क्यों रहा है? इसी क्षण के लिए इतनी दूर आई थी। अब पहुँच गई हूँ, तो झिझक रही हूँ...

कुछ समय और नहीं टल सकता यह क्षण?

निर्मल...

देखो, कितनी दूर तुम्हें ले आई। क्या कुछ नहीं किया। शान्ति नहीं मिली। कितनी बार लगा, अब इस अनुष्ठान के बाद भेज दिया है तुम्हें दूसरे लोक। कुछ दिन बाद फिर वैसे का वैसा।

अब यह सबसे भरोसे की गोद है, शरण है। अच्छा?

माँ, मेरे निर्मल को सँभाल लेना... मैं नहीं सँभाल पाई थी...

किसी शक्ति-स्थल पर अपने देवता के लिए स्मृति-चिह्न छोड़ आने का अर्थ है, उसके लिए अपनी उपस्थिति छोड़ आना, ताकि वह उसे याद रखे, विशेषकर जब तीर्थयात्री मृत्यु और पुनर्जन्म के बीच रास्ता पार कर रहा हो...

कीथ डोमैन

द सेक्रेड लाइफ़ ऑफ़ तिब्बत

डॉक्टर ने काट दी थी कमीज़ कैंची से। अभी तक दूध जमा हुआ है कपड़े पर। आख़िरी बार पिला रही थी ट्यूब से और बार-बार गिर रहा था बाहर...

अच्छा निर्मल!

सब रख दिया है मैंने बर्फ़ बिछी धरती पर।

निर्मल की कमीज़।

रिनपोछे के नाख़ून वाला गुलाबी काग़ज़।

कैसा ताज़ा सफ़ेद नाख़ून था उस दिन, जब मैंने माँग लिया था उनसे...उन्हें क्या पता था, एक दिन यह नाख़ून डोल्मा-ला पहुँच जाएगा, तारा देवी के चरणों में?

दारजी की केसरी दस्तार...

अब मैं उसे कभी नहीं सूँघूँगी। उनके पसीने की गंध इसके बिना भी मेरे दिमाग़ में बसी रहेगी...

माँ की चुन्नी।

यात्रा पर निकलने से पहले आख़िरी शाम मँगवाई थी मैंने। उन्हें नहीं मालूम, मैं उन्हें तारा माँ के हवाले करने जा रही हूँ!

कनु का पुर्ज़ा...

तनुप्रीत कौर नाम था उसका! कोई पूजा नहीं की हमने उसकी। तब पता ही नहीं था। सालों-साल रोते रहे। पाठ कर लें, ध्यान ही नहीं आया...हमारी बच्ची बहुत भटकी होगी... उस पर दया करना माँ!

इतना ही संसार है मेरा माँ। इन सब के होने से। इनकी रक्षा करना!

आकाश कैसा हो गया है, बादलों वाला? धरती से दूर, बादलों के निकट हूँ मैं।

कोई जल्दी नहीं। चुप बैठी हूँ।

चली जाऊँगी कुछ देर में। इसके बाद जाना ही है।

लौटने से कोई बच सकता है?

दिल शान्त है एकदम। धक्-धक्। बस। धक्-धक्।

डोल्मा की चोटी पर सुनी बस यही ध्वनि याद है। अपने ही दिल की धक्-धक्। एक लम्बी अशान्ति के बाद।

—आप यहाँ क्या कर रही हैं?

किसी की चिल्लाहट है।

घबराकर देखती हूँ, वही गाइड है, जिसने घोड़े से गिरने से बचाया था।

—कितनी देर से बैठी हैं यहाँ? कुछ मालूम है आपको, कितनी ख़तरनाक जगह है? कुछ भी हो सकता है यहाँ, दिमाग़ में ऑक्सीजन की कमी... मतिभ्रम... उल्टियाँ... तुरन्त उतरना शुरू करिए...

रोशन को डाँट रहा है।

—अजीब आदमी हो तुम। तुम्हें नहीं पता, इन्हें नीचे उतर जाना चाहिए था अब तक?

वह सिटपिटा रहा है। मैं जैसे बैठी हुई थी, उसका कोई ज़ोर था मुझ पर?

कितना शोर मचा रहा है ये आदमी। ठीक है, देर हो गई, जा रहे हैं...

हमें नहीं अपनी फ़िक्र?

29

उतराई पर घोड़ा नहीं मिलेगा।

उतराई बहुत ख़तरनाक है। सीधी उतराई।

रास्ते में बड़े-बड़े पत्थर। घोड़े से गिरे तो सीधे सिर ही फूटेगा! नारियल की तरह! दो साल पहले कई हादसे होने के बाद घोड़ेवालों ने तय किया कि नीचे नहीं ले जाएँगे... ठीक है भाई। ख़ुद से चले जाएँगे।

बर्फ़ की दलदल कैसी है!

रूपा ठीक कह रही थी। रीबॉक वाले जूते होते तो कब के गीले हो गए होते। ये जूते ठीक हैं। टखने पर अच्छा ग्रिप है। फिसल नहीं रहे। मोटा सोल है। बर्फ़ पर पाँव रखा है, पता ही नहीं चल रहा।

हारवर्ड में पाँव कैसे ठंडे हो जाते थे। दो-दो मोज़े, घुटनों तक ऊँचे विदेशी जूते, पाँव फिर ठंडे के ठंडे! ढाई-ढाई फ़ीट बर्फ़ में उन्हीं में पैदल चले जाते थे...

तब उम्र कम थी। अब नहीं बच सकते!

केवल शिव (और पार्वती) हैं, जिनकी कोई शरीरी सन्तान नहीं। केवल शिव हैं, जो अपनी शक्ति (पार्वती) को अपने साथ नहीं, अपने भीतर रखते हैं। सदा संयोगी। अर्द्धनारीश्वर।

स्टैला क्रीम्रिश

प्रेज़ेंस ऑफ़ शिवा

ये कोई रास्ता है, इनसानों के लिए?

इतने बड़े-बड़े पत्थर। न कूदते बने, न उतरते। उतर जाओ तो फिर दो फ़ीट चढ़ो। चढ़ना-उतरना नहीं चाहते तो छलाँग लगाओ, पत्थर तय करो, किस पर कूद सकते हो। पाँव फिसला कि... महादेव जी के चरणों में!

घोड़ों से उतरते नहीं बनता, जिनकी ऊँची काठी है, हमारी तो दो टाँगें हैं बेचारी!

देवताओं ने भी भक्तों से बचने के लिए कहाँ-कहाँ डेरे बनाए हैं... और भक्त हैं कि हमेशा ढूँढ़ ही लेते हैं उन्हें... अब वह नीचे कुंड ही को देखो। कैसा सुन्दर, पन्ने-से पानी का जड़ा कुंड है... पार्वती जी नहाई थीं, गणेश को यहीं पैदा किया था, अपने तन की मैल से। पहरे पर बैठा दिया... छिप सका भक्तों से? सब जानते हैं, यही है गौरी कुंड! यहीं बेचारे शिवजी से पुत्र हत्या हो गई थी, फिर लाना पड़ा न हाथी का सिर...

दिखाई नहीं पड़ रहीं पार्वती जी? नहा ली होंगी अब तक!

हम सोचते हैं, हम देवताओं के बारे में सोच रहे हैं! उन्हें सब ख़बर है, क्या ख़ुराफ़ातें चल रही हैं हमारे दिमाग़ में।

—रोशन, मेरी एक तसवीर ले लोगे यहाँ से? वो नीचे गौरी कुंड साफ़ आना चाहिए एकदम!

—दीदी, पानी पिलाऊँ?

मैं कह रही हूँ, फ़ोटो खींच, ये कह रहा है, पानी पिलाऊँ!

चक्कर तो नहीं आ रहे मुझे?

कुछ पता नहीं चलता।

ये लो! महाराज जी भी आ गए। हमारे कुक।

—ब्राह्मण हैं। बड़ा हँसकर बता रहा था रोशन।

—इसमें हँसने की क्या बात है?

—वो शेरपा लोग उन्हें रात को मीट लाकर दे देते हैं न पकाने को! बड़े बुरे फँसे हैं महाराज। ट्रेक पर आ गए, उन्हें क्या पता था, यहाँ ये सब करना होगा...

पता चला, महाराज नेपाल के किसी थ्री स्टार होटल में कुक थे, दुबई में नौकरी लग गई। वीज़ा आ गया। यारों ने कहा, महाराज, दुबई जाकर तुम्हारा धर्म जाने वाला है, पता नहीं क्या-क्या पकवाएँगे वहाँ, गाय, सूअर... पाप से पहले ही प्रायश्चित्त कर लो... वह आ गए इनकी बातों में, आ गए कैलाश परिक्रमा करने कम्पनी के साथ। उनसे कहा गया था, वेजिटेरियन बनाना होगा... अब वह यात्रियों के लिए वेजिटेरियन, शेरपाओं के लिए नॉन-वेज बनाने को मजबूर थे...

बीच परिक्रमा तो महाराज जी कहाँ भागते, नेपाल पहुँचते ही भाग निकले...मीट देख-देख इतना आजिज़ आ चुके थे कि हिसाब करने भी नहीं गए कम्पनी में...

अब दोनों मुझे सलाह दे रहे हैं, किस पत्थर पर कूदूँ।

हे भगवान, इतने पत्थर हैं यहाँ! देख-देखकर जी मितला रहा है। लोग बर्फ़ से अंधे हो जाते हैं। मैं पत्थरों को देख-देख हो रही हूँ।

घुटने दुख रहे हैं। जिम में भी साइकिल चलाओ, तो कम-से-कम एक दिशा में ही घुटना मोड़ना होता है। यहाँ कभी दाएँ, कभी सीधे...घुटने का ढक्कन भी बावला हो गया है। उसे भी भूल गया है, कि हड्डी का जोड़ किधर है, उधर मुड़ भी सकता है कि नहीं।

दो घंटे ऊपर आने में लगे, पाँच घंटे नीचे उतरने में...

तब कहीं जाकर केलसांग दिखाई दिया है, वहाँ नीचे तम्बू वाले होटल से हाथ हिलाता...

सारे यात्री यहीं सुस्ता रहे हैं। ज़रा-सा हरी घास का टुकड़ा है, उधर ल्हा-छू पार करते ही फिर बर्फ़...

—दीदी, सोना नहीं है!

इतनी मुश्किल उतराई से नीचे आई हूँ, दस मिनट आँखें बन्द कर लूँ, तो ताज़ा हो जाऊँगी।

—आप अगर सो गईं न, तो कभी उठेंगी नहीं...

रोशन मुझे झिंझोड़ रहा है।

—बहुत ख़तरनाक है यह नींद!

क्यों? साँप ने काट लिया है मुझे? पता नहीं, कितनी मुश्किल से उतरी हूँ?

—अब आप चलिए, उठिए...

दोनों खड़ा कर रहे हैं मुझे, रोशन, केलसांग।

अरे छोड़िए, मैं ख़ुद ही उठ जाती हूँ। सोना नहीं चाहिए, तो नहीं सोती।

—घोड़ा कहाँ है?

पेमा पीले दाँत निपोरता खड़ा है।

—वो पहाड़ी के पीछे...

—क्यों, अब तो यह जगह समतल है, न ऊपर न नीचे, घोड़ा यहाँ क्यों नहीं लाए?

—मैडम, घोड़ा भी तो थक गया है...

मेरा संत घोड़ा... मुझे लिये-लिये चढ़ ही गया डोल्मा-ला।

रोशन कह रहा था, *जैसे इनसानों में अच्छे-बुरे होते हैं, वैसे जानवरों में भी होते हैं... आपका घोड़ा एकदम संत था... उसे सब पता था, कहाँ से जाना चाहिए... उसे सँभालने के लिए मुझे कुछ नहीं करना पड़ा...*

अब मेरा संत पहाड़ी के पीछे सुस्ता रहा है। सुस्ताने दो। इतना तो मैं आराम से जा सकती हूँ।

—चलें भाई?

30

जमी हुई नदी है, नीचे पानी के चलने की आवाज़ आ रही है...

कौन से पहाड़ के पीछे है घोड़ा?

जिस पहाड़ तक पहुँचती हूँ, कि शायद यहाँ होगा, उससे आगे फिर, दूसरा पहाड़।

मैंने अदृश्य घोड़ा किराये पर लिया था?

दो घंटे हो गए, पैदल चलते-चलते। चारों तरफ़ बर्फ़ ही बर्फ़ है। ग़नीमत है कि काला चश्मा लगा रखा है! कितने ध्यान से चलना पड़ रहा है। बस कहने को ही समतल है। ज़रा ध्यान चूका कि पैर गड्ढे में, नीचे बहते पानी में!

रोशन कहीं पीछे रह गया है। महाराज फिर टकरा गए हैं, बर्फ़ की नदी पर मेरे साथ-साथ चल रहे हैं।

—आप कुकिंग के बारे में भी लिखती हैं?

एक लेखक को लेकर पता नहीं क्या-क्या सोचते हैं लोग! सिर हिला देती हूँ।

किसे परवाह है,
कौन तोड़ता है पेड़ से पत्ती
एक बार फल टूट जाने के बाद?

किसे परवाह है
कौन जोतता है ज़मीन
जो तुमने त्याग दी?

किसे परवाह है,
कौन सोता है उस औरत के साथ
जिसे तुमने छोड़ दिया?

एक बार प्रभु को जान लेने के बाद
किसे परवाह है,
इस देह को कुत्ते खाते हैं
या गलती है यह पानी में?

अक्का महादेवी

—फिर किस बारे में?

मेरी कोई इच्छा नहीं बात करने की।

डोल्मा-ला के बारे में सोच रही हूँ। सारा सामान वहीं पड़ा होगा... निर्मल की कमीज़...

—मैडम, एक बात पूछूँ?

महाराज बात करने से बाज़ नहीं आएँगे। रोशन से तो इतनी बातें कर रही थी, उनसे नहीं कर रही।

—आप अपने पति को साथ नहीं लाईं?

मैं रुक गई हूँ। काले चश्मे के भीतर से उन्हें देख रही हूँ।

—उन्हें ही लेकर आई थी... ऊपर छोड़कर आ रही हूँ...

भागती हूँ आगे... रो रही हूँ बिलख-बिलख कर...

मैं अकेली रह गई निर्मल...

चारों तरफ़ से पहाड़ों ने घेर रखा है।

मैं जानती थी, एक दिन तुम चले जाओगे... बस उसके बाद अगला दिन कैसा होगा, ये नहीं जानती थी...

ऐसा भयानक अकेलापन? इन पहाड़ों जैसा? मेरे पेट में कोई चाक़ू घोंप रहा है... बार-बार...

कैसे कटेगा ये अकेलापन? अभी तो बहुत दिन पड़े हैं मरने में...

साँस नहीं आ रही... मुझे रोना बन्द करना चाहिए...

कोई मेरे भीतर से कह रहा है, मर जाओगी... रुक जाओ!

मैं रुकना चाहती हूँ, फिर भी देर लगती है... बुरी तरह हाँफ रही हूँ...

सारा संसार धुँधला पड़ गया (कृष्ण की मृत्यु के समय), जैसे पुष्प में से सुगंध निकल जाए, देह में से आत्मा। और फिर उस क्षण धरती से पवित्र सरस्वती नदी सदा के लिए लोप हो गई...

महाभारत

मौसल पर्व

डोल्मा-ला ठीक-ठाक पार कर लिया, यहाँ नीचे आकर साँस रुक गई है, दोहरी हो रही हूँ।

महाराज सन्न खड़े हैं...

रोशन आ गया था, मेरे रोने के बीच। उसने मुझे देखा। उसे कुछ नहीं मालूम, क्या बात है। वह समझ रहा है, मुझसे चला नहीं जा रहा...

—मैं आपको उठा लूँ? घोड़े तक ले चलूँ?

कैसी झुनझुने जैसी आवाज़ है... क्या कह रहा है यह? मैं छोटा बच्चा हूँ? बेवक़ूफ़...

मैं हँस रही हूँ। बड़ों वाली हँसी।

महाराज की जान में जान आई। रोशन को कुछ पता नहीं चला!

मुझे जाप करना चाहिए... परिक्रमा पूरी हो रही है ठीक-ठाक... सबसे मुश्किल वक़्त बीत गया...

कितने लोग कर पाते हैं?

मैं ईश्वर को देखकर आ रही हूँ... मैं इन पहाड़ों को छोड़कर जा रही हूँ... मुझे जाप करना चाहिए...

मैं यहाँ मरने आ गई हूँ... मैं यहाँ मरने आ गई हूँ...

क्या कर रही हूँ मैं? जाप क्यों नहीं कर रही? मूर्ख, जाप कर!

मैं यहाँ मरने आ गई हूँ... मैं यहाँ मरने आ गई हूँ...

ये क्या हो रहा है? मैं मरा-मरा क्या कर रही हूँ?

मैं यहाँ मरने आ गई हूँ... मैं यहाँ मरने आ गई हूँ...

हे महादेव जी, क्षमा करो! सारा रास्ता आपका नाम लेते हुए आई। अब जा रही हूँ, तो मुँह से निकल नहीं रहा। जो निकल रहा है, उस पर कोई बस नहीं मेरा...

मैं यहाँ मरने आ गई हूँ... मैं यहाँ मरने आ गई हूँ...

31

यह ठीक नहीं हुआ। ठीक नहीं हुआ यह।

मैं धुंध में चलती जा रही हूँ। धुंध है कि धुआँ? मेरे दिमाग़ में यह क्या भर रहा है?

बेकार गई सारी यात्रा... लौटते समय नाम ही नहीं निकला मुँह से... महादेव जी ने अस्वीकार कर दिया मेरा आना... मैं निर्मल को भी छोड़ आई ऊपर...

पता नहीं क्या होगा अब?

यह ठीक नहीं हुआ। ठीक नहीं हुआ यह।

घोड़ा कहाँ है रोशन? मैं बिलकुल ही गिर जाऊँगी, तब लाएगा पेमा घोड़ा?

घोड़ा धूप में खड़ा है। सुस्ता लिया ठीक से? ले चलो मुझे बस...

—दीदी, आप सो रही हैं घोड़े पर? सोना नहीं है... आँखें खोलिए... गिर जाएँगी...

ठीक नहीं हुआ यह। महादेव जी ने अस्वीकार कर दिया मेरा आना...

देवताओं के इस सिंहासन को, इस मंडल को—वह शिव का हो या चक्रसंवर का—कोई नहीं छू सकता, जब तक वह अपना जीवन, अपनी मति, दाँव पर न लगा दे... जो भी ध्यान और भावना से परिक्रमा करता है, वह पूरा चक्र चलता है, जीवन-मृत्यु का चक्र।

लामा अनागरिक गोविंदा

द वे ऑफ़ द व्हाइट क्लाउड्स

मेरे भीतर कुछ मर रहा है... ये क्या कर दिया मैंने? भगवान का नाम ही नहीं निकला मुँह से? मैं ऊँघ रही हूँ...

—उतरिये...

पेमा मुझसे घोड़े से उतरने को कह रहा है।

—क्या बात है, पेमा? अभी दस मिनट पहले तो तुमने बैठाया है? अब फिर उतरूँ?

—वो देखिए, ख़तरनाक ऊँचाई है सामने... घोड़ा गिरा देगा... ख़ुद जाइए... आगे मिलूँगा...

कमबख़्त पेमा!

बार-बार चढ़ा-उतार रहा है। *अब उस पहाड़ के पीछे मिलिए...*

जैसे ही आँख मुँदने लगती है, रोशन आ जाता है या पेमा, *सोना नहीं है...*

मैं मरना चाहती हूँ ईश्वर! तुमने अस्वीकार कर दिया मुझे...

सो जाऊँ, तो मर जाऊँ... ये लोग मुझे सोने भी नहीं दे रहे!

हम ज़ुतुल पुक पहुँच गए हैं। आज रात का हमारा पड़ाव। मिलारेपा की गुफा है ऊपर, चमत्कार करके दिखाया था उन्होंने...

कोई इच्छा नहीं मेरी... भगवान कहीं नहीं... न्याय कहीं नहीं... मेरे साथ ठीक नहीं हुआ...

करूँ क्या लेकिन?

धीरे-धीरे सब पहुँच रहे हैं...

रूपा, पूना के तीनों प्रोफ़ेसर, मिस्टर अजीत, रूबी-पंकुल...

आज की रात इस गेस्ट हाउस में हमारा बसेरा है। दीवार के साथ-साथ चारों ओर आठ तखत लगे हैं, सिरहाने-पायताने...

सोना चाहती हूँ तुरन्त। मरना चाहती हूँ।

भूल पाऊँगी इसे, जो आज हुआ? मुँह पर जाप ही नहीं आया? बार-बार कहा इस ज़ुबान से, फिर भी...

कहाँ जाऊँ? ख़ुद से भागकर मैं कहाँ जाऊँ?

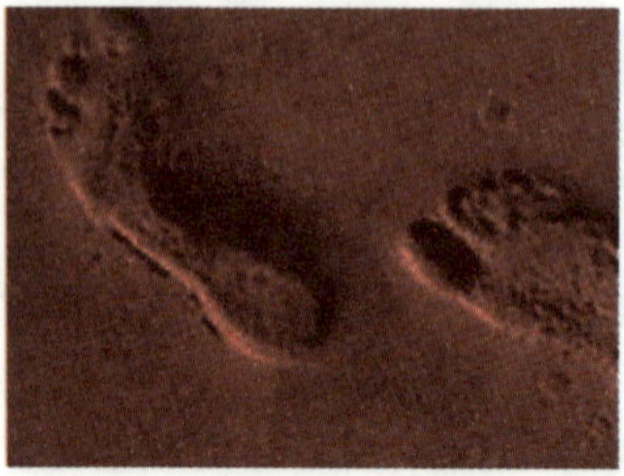

—टॉयलेट तो नहीं चलोगी?

रूपा पूछ रही है।

—चलो।

बाक़ियों से तो छुट्टी मिले!

—रूपा! आज बड़ी अजीब बात हुई...

बाहर आते ही उससे सब कहती हूँ। एकदम रुआँसी हूँ।

वह मुझे देख रही है, अविश्वास से, दया से... कुछ सोच रही है...

—घबराओ नहीं, आज मेरा आध्यात्मिक अनुभव भी बहुत कमज़ोर था... तुम्हें कहीं ऑक्सीजन की कमी से तो नहीं हो रहा था ऐसा?... कहते हैं, मतिभ्रम हो जाता है... अनाप-शनाप निकलने लगता है मुँह से...

काश, मुझे यही हुआ हो! मन उदास है बहुत।

अब जब लिख रही हूँ, तो बाइबल की वह कथा याद आ रही है...

एक आदमी मरने के बाद अपने सारे जीवन को देख रहा था... देखा कि सब जगह रेत पर पाँवों के चार निशान हैं, दो उसके, दो ईश्वर के... सिवाय एक हिस्से के... उदास हो गया। प्रभु, मेरे जीवन में उस वक़्त मैं कितना अकेला था... आप कहीं न थे... प्रभु हँस पड़े। वे जो दो निशान देख रहे हो न, वे मेरे पैरों के हैं, उस समय मैं वहीं था तुम्हारे पास, तुम्हें गोद में उठा रखा था...

क्या सचमुच ऐसा होता है?

ईश्वर की गोद में हम उस पार पहुँच जाते हैं और पता भी नहीं चलता?

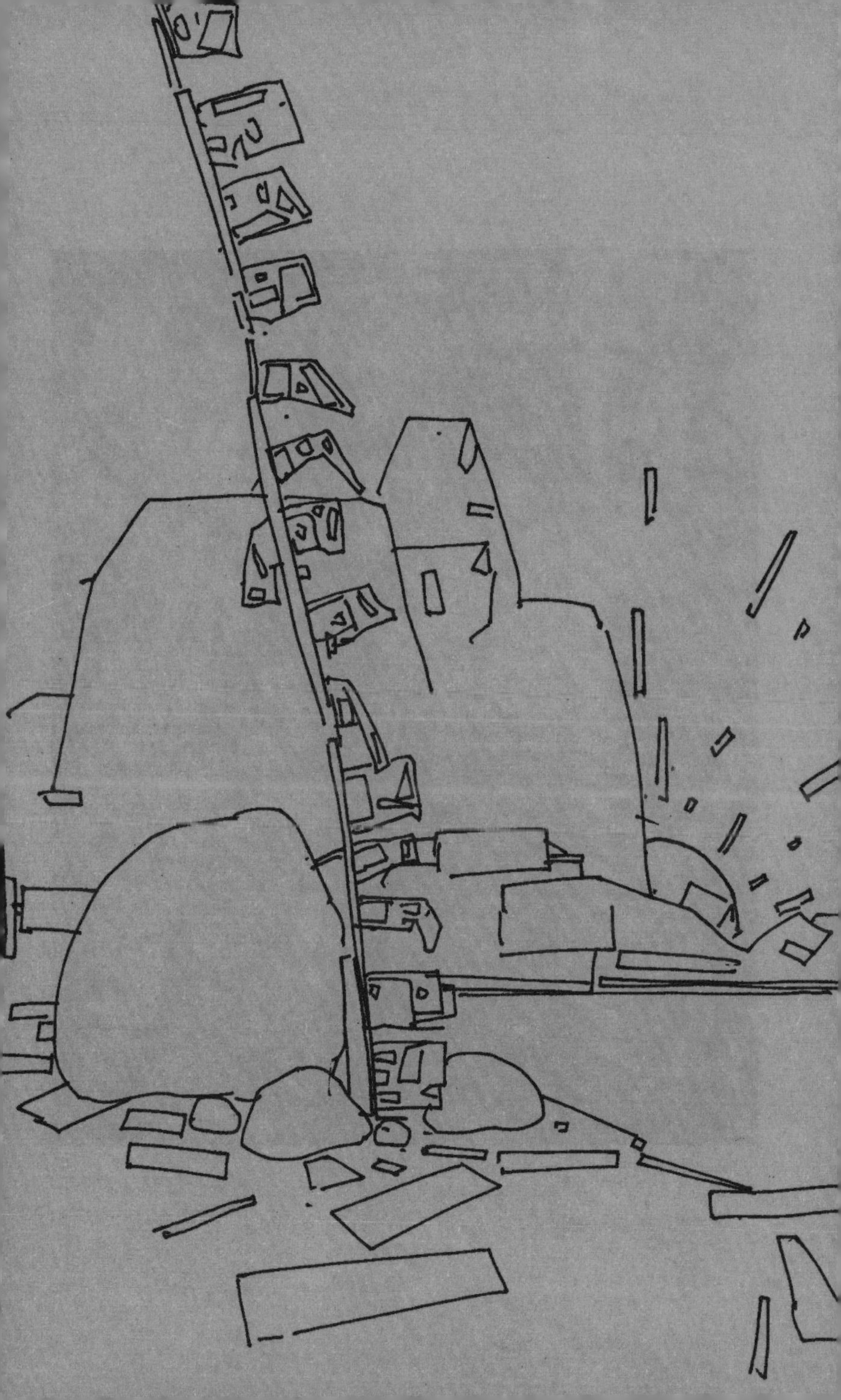

एक मणि एक पत्थर

देखता है मुझे

मेरा मुख

मिट्टी के नीचे से...

रॉबर्तो हुआरोज़

वर्टिकल पोएट्री

32

कभी घोड़ा, कभी पैदल। कभी घोड़ा, कभी पैदल।

परिक्रमा ख़त्म हो रही है धीरे-धीरे।

कैलाश अब दिख भी नहीं रहे। हमारे दाईं ओर पहाड़ों के पीछे छिप गए हैं। आकाश को नमस्कार करके मुड़ जाएँगे हम। फिर मानसरोवर पहुँचकर दिखेंगे हमें कैलाश, वैसे ही अपने पास बुलाते...

ओम् मणि पद्मे हुँ... ओम् मणि पद्मे हुँ...

कितने सुन्दर-सुन्दर मणि पत्थर रखे हैं यहाँ! कैसी लिपि है, बिलकुल संगीत जैसी.... गोल, गोल घूमती हुई... देवनागरी में से निकली है न भोटी...

उठा लूँ एक पत्थर?

—रोशन, मुझे रुकना है। ज़रा देखो तो, कौन-सा पत्थर सबसे हल्का है? सबसे सुन्दर है?

मणि पत्थरों की कोई कमी नहीं, परिक्रमा के किनारे ढेरों पड़े हैं, एक के ऊपर

नैवेद्य अर्पित करने का अर्थ है, उस शक्ति-स्थल की आध्यात्मिक-ऊर्जा से सम्बन्ध स्थापित करना, ताकि ऊर्जा-संचार दुतरफ़ा हो सके—शक्ति-स्थल से अर्पण करने वाले तक।

कीथ डोमैन

द सेक्रेड लाइफ़ ऑफ़ तिब्बत

एक, आकाश के नीचे प्रार्थनारत... जो चाहूँ, उठा लूँ।

—आपको पता है, इन्हें खुदवाने का पुण्य होता है?

रोशन बता रहा है और मेरे लिए पत्थर ढूँढ़ रहा है।

—मन्नत माँगने के लिए चढ़ाते हैं इन्हें, मन्नत पूरी हो जाए तो फिर भी... लामा को बुलाते हैं, वह शुभ लग्न देखकर मंत्र लिख देता है पत्थर पर... फिर लोग ख़ुद खोदते हैं या पैसे देकर खुदवाते हैं... ये सब वैसे ही पत्थर हैं।

बड़े शुभ पत्थर हैं, दिल्ली ले जाऊँगी अपने साथ तो हमेशा मेरा शुभ करेंगे... यहाँ एक कम हो गया तो क्या फ़र्क़ पड़ेगा? ढेरों पड़े हैं...

एक पत्थर पसन्द करके रख लिया है बैग में। सारे रास्ते रोशन पर ही ज़िम्मा रहा मेरे बैग का।

अरे, यहाँ आगे तो और भी पड़े हैं!

—रोशन! ज़रा देखो तो, कोई उससे हल्का मिल जाए तो...

हम परिक्रमा पूरी कर चुके। आख़िरी दस क़दम बचे हैं, उसमें पत्थर ढूँढ़ रहे हैं... इसके बाद मिलें, न मिलें।

उधर सामने हमारी गाड़ियाँ और ड्राइवर खड़े हैं। सुन्ना हाथ हिला रहा है। बस आ गए सुन्ना!

—हाँ, ये ठीक है।

हाथ में पत्थर है, सुन्ना को दिखाना चाहती हूँ, देखो, ये ठीक रहेगा मेरे दिल्ली वाले घर के लिए?

सुन्ना ने मेरे हाथ से ले लिया है। उसे माथे से लगा वहीं रख दिया है। हाथ से इशारा कर रहा है, नहीं, इन्हें उठाना नहीं है...

क्यों? इतने सारे पड़े हैं?

—वह कह रहा है, रास्ते में दिक़्क़त आएगी, इन्हें मत छेड़ो...

रोशन मुझे बता रहा है। थोड़ी-बहुत भोटी समझता है वह।

—तब रख दो वापस रोशन!

वापस चला गया है वह। मैं गाड़ी में आकर बैठ गई हूँ, सुन्ना की बग़ल में।

—ठीक रहा सब?

सुन्ना इशारों से पूछ रहा है।

—हाँ, बहुत बढ़िया! यक़ीन से भी ज़्यादा बढ़िया!

अब तक हमें बिना भाषा के बात करना आ गया है। सुन्ना दोनों हाथों से मेरा माथा पकड़ता है। बहुत ख़ुश है, मुझे ख़ुश देखकर...

चार दिन बाद लौटने लगूँगी जब, उसे विदा कहकर, नेपाल बॉर्डर पर, इसी तरह याद आएगा वह।

मेरे माथे को अपने दोनों हाथों से छूता हुआ... बहुत ध्यान से मुझे ताकता हुआ... गूँगा-सा...

अब शायद कभी नज़र नहीं आऊँगी इसके बाद।

33

—दीदी, आपका पत्थर!

रोशन हमारे कमरे में आया है। हम चारों बैठे बातें कर रहे हैं, जब वह कमीज़ के नीचे से पत्थर निकालता है...

—तुमने वापस नहीं रखा था पत्थर? मैंने तुमसे कहा था!

—आपको अच्छा लगा था न? मैं छुपाकर ले आया... सुन्ना ऐसे ही कह रहा होगा...

—अगर सच में कोई मुसीबत हो गई तो?

—अब ले आया है, तो रख लीजिए दीदी!

पंकुल कहता है।

—और वो पहले वाला पत्थर?

मैं उससे पूछती हूँ।

—वो तो आपके बैग में ही था, सुन्ना को नहीं मालूम उसके बारे में।

हमें सुन्ना ने एक पत्थर उठाने से मना किया था, यहाँ हम दो का ख़ज़ाना लेकर बैठे हैं...

—अइअइयो... एक मुझे दे दो!

रूपा को बहुत सुन्दर लग रहे हैं दोनों।

नरम पड़ गई हूँ मैं। इससे बहुत ममता हो गई है मेरी। कोई बात नहीं, अब आ गए हैं तो! जान पड़ता है, इन पत्थरों की मंशा भी हमारे साथ जाने की ही है...

—कौन-सा लोगी?

—ये वाला?

उसने हैंडबैग में पत्थर रख लिया है, मैंने डफ़ल बैग में। हैंडबैग हमारी गाड़ी में रहेगा, डफ़ल बैग ट्रक में।

—रूपा, सुन्ना को पता नहीं चलना चाहिए, नहीं तो उसे बहुत बुरा लगेगा...

उसे मालूम है।

हम न उठाते तो अच्छा था। अब उठा लिये हैं, तो कमरे में फेंककर तो जा नहीं सकते!

कल सुबह हम मानसरोवर को अन्तिम बार प्रणाम करके वापस चल देंगे।

34

एकदम उजाड़ पड़ा है मानसरोवर।

झीना-सा धुंध का परदा पड़ा है उस पर।

उधर दाईं तरफ़ एक-दो टेंट लगे हैं, वीराने में। विदेशी होंगे। कैंपिंग कर रहे होंगे।

अपनी दिव्यता के साथ क्या करता होगा पड़ा-पड़ा? ऊब नहीं जाता होगा मानसरोवर? हज़ारों वर्षों से वहीं, एक ही जगह पर...

घटनाओं के नाम पर छोटी-छोटी घटनाएँ। मछलियाँ जन्मीं, मछलियाँ मरीं। हंस चुगे, हंस उड़े...

पापी के दिल में झाँकना रुचता होगा कि पुण्यात्मा के?

निश्चित ही, पापी ज़्यादा रोचक लगता होगा।

हम कैसे दिखते होंगे? अशान्त, भटके-भटके...

काफ़ी मनोरंजन हो जाता होगा यहाँ पड़े-पड़े! दोपहर को सबसे ज़्यादा, जब यात्रियों

साफ़ थीं
हमारी आत्माएँ
घास नहीं उगी फिर भी...

के क़ाफ़िले यहाँ पहुँचते हैं। तभी इस समय कुछ सुस्त है... कहीं ताक़त तो नहीं बचा रहा? दोपहर को ज़रूरत पड़ेगी, इतने दिलों में झाँकते वक़्त...

रूपा को साफ़ पानी कहीं नहीं मिल रहा। कभी इस किनारे आती है, कभी उस किनारे। कभी बीच में...

रूपा, दिल में झाँक! जो भी स्वच्छ है, गँदला है, सब वहीं है, भीतर।

हम यहाँ क्या छोड़कर जाएँगे? जो हमारे पास है, वही न?

थोड़ी-सी स्वच्छता छोड़ दें अपने मन की? ताकि जब रास्ते पर पहुँचें, वापस व्यूह में, तो इसका पुण्य हमारे काम आए? हमें सहारा दे?

कोई जगह देवभूमि है, यह पता कैसे चलता है?

हमारे साथ हमारा कर्म जाता है? या कर्म का फल?

कर्म तो शायद इस पृथ्वी पर अपनी अनिवार्यता के पहिये में चलता होगा? और फल आत्मा के साथ-साथ लिथड़ा आगे तक जाता होगा? किससे पूछूँ?

इतना तय है, इस हवा में, इन पर्वतों में, मिट्टी में महात्माओं का पुण्य बसा है। ऐसी अनुभूति इससे पहले कभी नहीं हुई।

कैसी है यह जगह? कुछ ही दिनों में इसने एक-एक करके सारे कवच उतरवा लिए—ज्ञान के, आस्था और शंका के।

अवाक्? क्या यह सही शब्द है, उसे कहने को, जो इस समय हो रहा है हमारे साथ?

बूँद-बूँद टपकता सन्नाटा।

बाहर सृष्टि में झर रहा है कि कहीं भीतर?

हंस उड़ा है आकाश में। एक। अकेला।

इतनी सुन्दर प्रकृति में इतना एकाकी एक हंस...

क्या उसे मालूम है, कितनी सुन्दर यह पृथ्वी है? वह कितना भाग्यशाली है?

क्या वह कृतज्ञ है अपने होने में ?

मैं यदि चिड़िया होती, तो कैसे कहती कि मैं कृतज्ञ हूँ!

कृतज्ञ हूँ कि आँख है, जो देख सकती है। काया है, जो यहाँ तक ले आई। मन है, जो ग्रहणशील है।

मैं कृतज्ञ हूँ इस होने में। मैंने तुम्हें देखा था, ईश्वर...

35

—सुन्ना! सुन्ना! गाड़ी रोको...

मुझे मितली हो रही है।

गाड़ी रुक गई है। धूल के बवंडर में ही नीचे जाकर बैठ गई हूँ।

—क्या हुआ?

एक-एक करके पीछे आती सारी गाड़ियाँ रुक गई हैं।

नहीं। ठीक है अब। निकल गया सारा दुख।

चलें?

लोग आते समय बीमार होते हैं, मैं जाते समय...

कोई दस किलोमीटर निकले हैं।

फटाक!

टायर गया...

सब घिर आए हैं। क़ाफ़िला रुक गया है।

—कुछ नहीं, टायर है, बदल लेता हूँ।

सुन्ना टायर बदल रहा है।

हम चारों एक दूसरे को देख रहे हैं। *कहीं वह पत्थर...*

दस मिनट हुए नहीं चलते हुए, जलने की गंध है गाड़ी में...

नीचे कोई प्लेट रगड़ खा रही थी, ये लम्बा काम होगा...

—रूपा!

—पंकुल!

—हाँ, हाँ, आप पत्थर निकालो न!

सुन्ना गाड़ी के नीचे लेटा प्लेट का जुगाड़ कर रहा है।

हम चुपके से हैंडबैग का पत्थर निकाल दूर सड़क किनारे रखने जा रहे हैं, माफ़ी माँगने... पता नहीं, किसका दुख उठा लाए हम! न उठाते तो अच्छा था...

अब दूसरे पत्थर का क्या होगा? वह ट्रक में है। ट्रक काफ़ी पीछे है...

ॐ

सागा पहुँचे कई घंटे हो गए। ट्रक का कोई पता नहीं...

आख़िर पहुँच गया है।

—ख़राब हो गया था?

—हाँ!

मनुष्य यदि हवा की गाँठ भर है
उसे खोलने को होना चाहिए
इतना पैना चाक़ू?

फिलिप जैकोते
सेलेक्टेड पौएम्स

—गगन!

मालूम है, मालूम है। कमरे में डफ़ल बैग आने तो दो!

बैग से पत्थर निकालकर मैं और रूपा बैठे हैं। सागा होटल में। तीसरी मंज़िल पर...

प्रार्थना कर रहे हैं। जिसकी भी शान्ति हमसे भंग हुई है, उसकी क्षमा माँग रहे हैं...

—इसे दराज़ में छोड़ दें?

यह ठीक तो नहीं, पर करें क्या?

सुबह करमा जी आते हैं। हमारे तिब्बती शेरपा।

—रूपा, मुझे कहने दो! कहीं और अपमान न हम कर बैठें...

करमा जी को मैं सारी व्यथा-कथा कहती हूँ। हमसे ग़लती हो गई... अब इसे किसी ऐसी जगह छोड़ आइए, जहाँ ये सम्मान के साथ प्रतिष्ठित हो जाए...

काफ़ी सोच-विचार के बाद वह कहते हैं,

—अब आप इसे अपने साथ ही ले जाइए... रास्ते में कहीं भी रखने से, जो आपने इसे भंग किया है, वह तो सुधरेगा नहीं... अब घर जाकर पूजा-स्थल में रख दीजिएगा... और कुछ नहीं हो सकता।

—अगर कहीं हवाई जहाज़ क्रैश...

—अरे नहीं, अच्छे मन से ले जाइए...

रास्ते में एक बार जहाज़ उछला था, एयर होस्टेस हवा में बहती आगे तक पहुँच गई।

हवा का अदृश्य बवंडर था, उसके बीच से निकल रहा था जहाज़।

जैसा कि ज़ाहिर है, मैं ठीक-ठाक पहुँच गई हूँ अपने ठिकाने।

मेरे साथ-साथ कैलाश-परिक्रमा से चुराया वह मणि-पत्थर घर तक आ गया है...

36

कुछ है, जो बदल गया है...

घर घर जैसा नहीं, आँगन आँगन जैसा नहीं।

मैं कहाँ आ गई हूँ?

मणि-पत्थर को न घर के भीतर रखकर मुझे शान्ति है, न आँगन में रखकर...

—पता नहीं, जब से लौटे हैं, हर चीज़ परायी-परायी लगती है, जैसे ये हमारी नहीं... हम इसके नहीं...

रूबी कहती है।

मुझे भी यही हो रहा है कई दिन से।

अच्छी-भली बैठी होती हूँ, कि भीतर से एक दूसरी स्त्री निकलकर सामने कुर्सी पर आकर बैठ जाती है...

अवाक्

पता नहीं क्यों, बहुत रो रही है वह... कई दिनों से...

मेरे ही चेहरे वाली एक स्त्री... जब भी अकेली होती हूँ, वह आ जाती है...

कौन है यह?

मैं तो नहीं हूँ। मैं यहाँ बैठी हूँ, एकदम शान्त, किसी गुज़रती छाया के नीचे...

फिर वह कौन है?

कभी-कभी हमें क्यों पता नहीं चलता, हम कौन हैं?

जहाँ हैं, वहाँ क्यों हैं?

जहाँ नहीं हैं, वहाँ क्यों नहीं है?

कहते हैं, हिमालय टोना कर देता है?

फिर आदमी कहीं का नहीं रह पाता, मरने के लिए भी वहीं जाता है...

कहीं टोना तो नहीं उठाकर ले आई मैं?

पता नहीं, किसका दुख था!

जुलाई-अगस्त, 2007

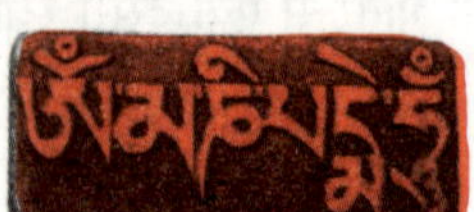

चित्र-सन्दर्भ

1. पृष्ठ 10 : मानसरोवर-सुबह।
2. पृष्ठ 13 : मानसरोवर तट पर बँधे बौद्ध प्रार्थना-ध्वज।
3. पृष्ठ 14 : ओं मणि पद्मे (पेमे) हुं—तिब्बती बौद्ध धर्म का मणि मंत्र—कमल (पद्म) में निवास करने वाले मणि (बुद्ध) को प्रणाम करता हूँ।
4. पृष्ठ 16 : निर्वासित तिब्बतियों की शरणगाह, भारतीय हिमालय में धर्मशाला, से तिब्बत के पर्वतों को देखते हुए एक भिक्षु।
5. पृष्ठ 19 : पारम्परिक (तिब्बती) थंका (कपड़े पर बने धार्मिक चित्र) में शाक्यमुनि व उनके दो शिष्य मौद्गल्यायन व सारिपुत्र।
6. पृष्ठ 20 : सुवर्णमत्स्य, तिब्बती बौद्ध धर्म के अष्टमंगल चिह्नों में से एक। सौभाग्य, उर्वरता, मुक्ति का प्रतीक।
7. पृष्ठ 22 : कैलाश पर्वत का दक्षिण मुख।
8. पृष्ठ 24, 28

   : श्रीवस्त (अन्तहीन गाँठ), तिब्बती बौद्ध धर्म के अष्टमंगल चिह्नों में से एक। कर्म और फल, बुद्ध की अथाह प्रज्ञा का प्रतीक।

9. पृष्ठ 30 : ध्वज, तिब्बती बौद्ध धर्म के अष्टमंगल चिह्नों में से एक। बुद्ध वचन की, ज्ञान पर अज्ञान की विजय का प्रतीक। मेरु-पर्वत के शिखर पर स्वयं भगवान बुद्ध ने धर्म विजय का ध्वज लगाया था, ऐसा मानते हैं।

10. पृष्ठ 32 : भारतीय हिमालय।

11. पृष्ठ 35 : त्रिनेत्र, भगवान शिव की तीसरी आँख। शिव की देह पर अर्द्धनारीश्वर का स्थान। योग-तंत्र साधना का एक चक्र।

12. पृष्ठ 40 : छत्र, तिब्बती बौद्ध धर्म के अष्टमंगल चिह्नों में से एक। राजसी एवं आध्यात्मिक शक्ति का प्रतीक।

13. पृष्ठ 45 : शिव अर्द्धनारीश्वर रूप में।

14. पृष्ठ 66 : मिलारेपा, ग्यारहवीं शताब्दी तिब्बत के संत कवि।

15. पृष्ठ 69 : गुरु पद्मसम्भव, आठवीं शताब्दी के भारत से तिब्बत गए तांत्रिक, गुरु रिनपोछे के नाम से भी प्रसिद्ध।

16. पृष्ठ 70 : पद्म कमल। तिब्बती बौद्ध धर्म के अष्टमंगल चिह्नों में से एक। मानसिक व आध्यात्मिक शुचिता का प्रतीक।

17. पृष्ठ 71 : शंख। तिब्बती बौद्ध धर्म के अष्टमंगल चिह्नों में से एक। बुद्ध वचन की कीर्ति का प्रतीक।

18. पृष्ठ 72 : कलश, तिब्बती बौद्ध धर्म के अष्टमंगल चिह्नों में से एक। आध्यात्मिक एवं लौकिक अक्षय निधि का प्रतीक।

19. पृष्ठ 74 : यज्ञ वेदी का पारम्परिक चिह्न।

20. पृष्ठ 76 : तिब्बत में नदी जैसी झीलें एक सहज दृश्य।

21. पृष्ठ 81 : रास्ते में मिला एक तिब्बती बच्चा।

22. पृष्ठ 85 : पवन अश्व, प्राय: धर्म पताकाओं पर चिह्नित, मनुष्यों की प्रार्थनाएँ दिग-दिगंत में पहुँचा देता है, ऐसा लोक विश्वास।

23. पृष्ठ 87 : मास्क पहने हमारा एक कैलाश सहयात्री, कैलाश परिक्रमा का साधारण दृश्य।

24. पृष्ठ 88 : तिब्बती पठार, मीलों फैला रेगिस्तान।

25. पृष्ठ 93 : रास्ते में दिखे हिरण, तिब्बती पठार में पाई जाने वाली कई जंगली हिरण जातियाँ आज बेरोक आखेट के कारण विलुप्त होने के कगार पर हैं।

26. पृष्ठ 95 : तिब्बती याक। दस हज़ार फ़ीट से अधिक की ऊँचाई पर पाए जाने वाले याक के जीवन की सफलता का कारण उसके रक्त की लाल कोशिकाएँ हैं, जो संख्या में साधारण गाय से तीन गुना ज़्यादा होती हैं। कम ऊँचाई पर आने से याक की श्वास-प्रणाली, प्रजनन शक्ति पर दबाव पड़ता है।

27. पृष्ठ 97 : तिब्बती गाँवों में सूखी मछलियाँ यहाँ-वहाँ बिकती हुईं।

28. पृष्ठ 103 : स्वतंत्र तिब्बत देश का राष्ट्र-ध्वज।

29. पृष्ठ 112 : मानसरोवर में एक हंस।

30. पृष्ठ 115 : मानसरोवर से दिखाई देते कैलाश पर्वत।

31. पृष्ठ 118 : गोम्पा में महात्मा बुद्ध की मूर्तियों में जहाँ-तहाँ खोंसे गये माओ नोट। माओ के आदेश से साठ के दशक में तिब्बत के लगभग 6,000 गोम्पा लूटे, जलाये गए थे।

32. पृष्ठ 120 : मानसरोवर श्लोक।

33. पृष्ठ 125 : तिब्बती गोम्पा (मठ) के द्वार पर बने धर्म-चक्र के गिर्द बैठे मृग। तिब्बती गोम्पा स्थापत्य का एक विलक्षण अंग। बनारस के बाहर सारनाथ में एक हिरण-वन में दिये गए बुद्ध के प्रथम-वचन के स्मारक।

34. पृष्ठ 129 : यज्ञ में आवाहन किये जाने वाले अग्नि देव, धुएँ के साथ मनुष्यों की प्रार्थनाएँ दूसरे लोक ले जाने वाले देव।

35. पृष्ठ 131 : यज्ञ और अग्नि।

36. पृष्ठ 133 : मानसरोवर परिक्रमा पथ पर चिऊ गोम्पा।

37. पृष्ठ 138 : तारबुचे से दिखाई देता कैलाश का दक्षिण मुख।

38. पृष्ठ 143 : कैलाश की घाटियों में पाया जाने वाला चिपि, बहुत शर्मीला, बात-बात में बिल में कभी छिपकर, कभी उचककर देखने वाला तिब्बती जंगली जानवर।

39. पृष्ठ 144 : तारा देवी, अनुकम्पा की देवी, तिब्बती बौद्ध धर्म की प्रमुख और सर्वप्रिय देवी।

40. पृष्ठ 148 : तारबुचे में लगे प्रार्थना-ध्वज, जिन्हें लगाये बग़ैर यात्रा आरम्भ करने की कल्पना भी नहीं की जाती।

41. पृष्ठ 160 : कैलाश निवासी देवताओं में से एक—चक्रसंवर/हेरुक, बौद्ध तांत्रिक देवता। कैलाश पर हिन्दुओं के पूज्य शिव-पार्वती के अतिरिक्त बौद्ध, जैन व बॉन धर्म अनुयायी अपने देवताओं का स्थान मानते हैं।

42. पृष्ठ 165 : ओं तारे तुत्तारे तुरे स्वाहा—तारा मंत्र।

43. पृष्ठ 166 : परिक्रमा में साष्टांग प्रणाम करते हुए जाते तिब्बती तीर्थयात्री।

44. पृष्ठ 169 : लेखक का संत घोड़ा, जिसकी सहायता के बिना यात्रा असम्भव थी।

45. पृष्ठ 174 : डोल्मा ला पर तारा देवी, शेर के प्रहार से भक्त की रक्षा करती हुईं, एक पारम्परिक चित्र।

46. पृष्ठ 176 : थंका में चित्रित तारा मंत्र।

47. पृष्ठ 178 : कैलाश परिक्रमा में गौरी कुंड, गणेश जी का जन्म-स्थान।

48. पृष्ठ 189 : परिक्रमा पथ में यहाँ-वहाँ बने स्तूप, यात्रियों द्वारा अपनी तीर्थयात्रा की छोड़ी गई स्मृतियाँ। धन्यवाद के चिह्न।

49. पृष्ठ 191 : ओं, भोटी लिपि में।

50. पृष्ठ 194 : परिक्रमा पथ पर मणि पत्थर।

51. पृष्ठ 201 : बौद्ध पूजा में प्रयोग किये जाने वाले जल-पात्र।

52. पृष्ठ 211 : कैलाश परिक्रमा से चुराया मणि पत्थर, जिसकी यात्रा का अन्त दिल्ली के लद्दाख बौद्ध विहार में हुआ।

सूक्ति-सन्दर्भ

1. पृष्ठ 12 : *महाशिवपुराण,* गीता प्रेस, गोरखपुर
2. पृष्ठ 18 : द ओशिअन ऑफ़ विज़डम, दलाई लामा से साक्षात्कार, द *माइंड ऑफ़ द गुरु,* राजीव मेहरोत्रा, पेंगुइन इंडिया, 2003
3. पृष्ठ 24, 43, 91, 130, 140, 157, 190 : द *वे ऑफ़ द व्हाइट क्लाउड्स,* लामा अनागरिक गोविंदा, शंभला, 1988
4. पृष्ठ 29 : *फ्लॉवर्स ऑफ़ ईविल,* चार्ल्स बॉदलेयर, पीटर पॉपर प्रेस, 1958
5. पृष्ठ 30, 101 : रिफ़्यूजी ब्लूज, *सेलेक्टेड पोएम्स,* डब्ल्यू.एच. ऑडेन, फेबर एंड फेबर, 1979
6. पृष्ठ 46, 60, 127, 184 : अक्का महादेवी, *स्पीकिंग ऑफ़ शिवा,* ए.के. रामानुजन, पेंगुइन क्लासिक्स, 1973
7. पृष्ठ 68 : द *मैसेज ऑफ़ मिलारेपा,* सर हम्फरी क्लार्क, रूपा एंड कं. 1996
8. पृष्ठ 171 : *सेलेक्टेड पेपर्स—मेटाफ़िज़िक्स,* आनन्द कुमारस्वामी, प्रिंसटन यूनिवर्सिटी प्रेस, 1977

9. पृष्ठ 175, 198 : द *सेक्रेड लाइफ़ ऑफ़ तिब्बत,* कीथ डोमैन, थोर्सन्स, 1997

10. पृष्ठ 179 : द *प्रेजेंस ऑफ़ शिवा,* स्टैला क्रीम्रिश, ऑक्सफोर्ड यूनिवर्सिटी प्रेस, 1981

11. पृष्ठ 196 : *वर्टिकल पोएट्री,* रॉबर्तो हुआरोज़, व्हाइट पाइन प्रेस, 1992

12. पृष्ठ 209 : *सेलेक्टेड पोएम्स,* फिलिप जैकोते, पेंगुइन, 1988

यात्रा-सन्दर्भ

कैलाश-मानसरोवर यात्रा दुनिया की कठिनतम यात्राओं में से एक मानी जाती है। शारीरिक रूप से उत्तम स्वास्थ्य वाले व्यक्ति भी इसमें मुश्किल में आ सकते हैं। यह यात्रा औसतन 15,000 फ़ीट से 18,500 फ़ीट की ऊँचाई पर जीवित रहने की चुनौती ही नहीं है, उतनी ऊँचाई पर एक मनुष्य के अन्तरतम में क्या विभीषिका होती है, उससे बच आने की कसौटी भी है। इस यात्रा का मनोवैज्ञानिक, आध्यात्मिक परीक्षण शारीरिक यातना से कुछ भी कम नहीं। यात्रा पर निकलने से पहले इन सब पक्षों पर दबाव झेलने की पूरी तैयारी होनी चाहिए।

यह पारम्परिक तीर्थयात्रा कुमाऊँ पहाड़ों में साढ़े सोलह हज़ार फ़ीट ऊँचे लिपु लेख दर्रे को पार कर होती रही है। हालाँकि यह क्षेत्र प्राचीन समय से तिब्बत के अधिकार में रहता आया है, दोनों देशों में घनिष्ठ धार्मिक निकटता के रहते भारतीय हिन्दुओं के तिब्बत जाने एवं तिब्बती बौद्धों के भारत में तीर्थयात्रा पर आने में किसी प्रकार का वैमनस्य कभी नहीं रहा। क़रीब पाँच हज़ार सालों से होती आई इस यात्रा में सबसे गम्भीर अवरोध पिछली सदी में 1959 में आया, जब चीन ने तिब्बत पर क़ब्ज़ा कर लिया और दलाई लामा को हज़ारों शरणार्थियों के साथ भारत में शरण लेनी पड़ी। इसके बाद क़रीब 22 वर्षों तक इस यात्रा की अनुमति नहीं दी गई।

भारत-चीन कटुता कम होने के बाद सन् 1981 से इसकी अनुमति दी गई। दोनों देशों की सरकारों के बीच समझौते के फलस्वरूप हर साल क़रीब 500 यात्रियों को भारत से सीधे पश्चिमी तिब्बत में प्रवेश करने की अनुमति दी जाती है। इसके लिए भारत सरकार का विदेश मंत्रालय स्थानीय समाचार-पत्रों में आवेदन आमंत्रित करके लॉटरी के ज़रिये यात्रियों का चयन करता है। सरकार की ओर से यात्रा ख़र्च में आंशिक वित्तीय सहायता भी दी जाती है। भारत-तिब्बत यह रास्ता दुर्गम और पहाड़ों के स्खलन से भरा है। हालाँकि 30 दिन में सम्पन्न होने वाली इस यात्रा में भारत सरकार की ओर से यात्रियों की सुविधा और सुरक्षा का अच्छा इन्तज़ाम रहता है, हर यात्री को स्टाम्प पेपर पर मजिस्ट्रेट के सामने यह हलफ़नामा देना होता है कि यह यात्रा वह अपने ख़तरे पर कर रहा है और मृत्यु की स्थिति में उसका भारत सरकार पर कोई दावा नहीं होगा! इस रास्ते की सबसे बड़ी कमी यह है कि आपकी यात्रा होगी या नहीं, इसका निर्णय लॉटरी करती है। यात्रा का समय नेपाल रास्ते से दुगुना लगता है। एक बार इस रास्ते से यात्रा कर आने पर आप दोबारा जाने के लिए आवेदन नहीं कर सकते।

कैलाश-मानसरोवर जाने का दूसरा रास्ता अभी कुछ वर्ष पहले नेपाल से खुला। यह यात्रा चीन सरकार से अधिकृत नेपाली प्राइवेट ट्रैवल एजेंसियाँ करवाती हैं। 35-40 लोगों के हर समूह को हालाँकि आवेदन और लॉटरियों से नहीं गुज़रना पड़ता, चीन सरकार का रुख़ हर साल अप्रत्याशित रहता है। प्रतिकूल मौसम कैलाश पर्वत पर भी हो सकता है और तिब्बत की राजनीति में भी! इस रास्ते से यात्रा 16 दिन में सम्पन्न होती है। शुरू के दो दिन भू-स्खलन वाले रास्ते से पार करने के बाद शेष रास्ता तिब्बत के पठार पर 13,500 से 15,000 फ़ीट की ऊँचाई पर गाड़ियों द्वारा पार किया जाता है। मानसरोवर तक जीप से पहुँचा जा सकता है, आगे की यात्रा पैदल करनी होती है। नेपाल सीमा से मानसरोवर तक का लगभग 1,000 किलोमीटर लम्बा यह थका देने वाला रास्ता कभी-कभी निहायत अनावश्यक उद्यम लगता है। अपने ही देश की सीमा के समान्तर हम वापस जाते हैं, कुमाऊँ-किन्नौर की तरफ़, क्योंकि चीन सरकार ने लम्बी भारत-तिब्बत सीमा पर किसी और जगह से सीमा पार करने की अनुमति नहीं दे रखी! इधर पिछले कुछ वर्षों से भारत में कैलाश-मानसरोवर मुक्ति आन्दोलन ने ज़ोर पकड़ा है। क्षुब्धकारी तथ्य यह है कि कैलाश-मानसरोवर जैसे प्राचीन तीर्थ को क़ब्ज़े में करने वाले चीन देश के पास अपना अधिकार पुष्ट करने के लिए कोई पारम्परिक ऐतिहासिक प्राचीन दस्तावेज़ या साक्ष्य नहीं। इधर चीन ने घोषणा की है कि अगले वर्ष 2010 से कैलाश परिक्रमा के लिए 200 युआन (लगभग 25 डॉलर) का कर लगाएगा!

कैलाश के चरणों तक पहुँचने का रूट कोई भी हो, कठिनतम हिस्सा कैलाश पर्वत की परिक्रमा है, जब 15,000 से 18,500 फ़ीट की ऊँचाई तक पैदल जाना होता है। दूहर ऊँचाई पार करने के अलावा पल-पल बदलता मौसम, पहाड़ों के बीहड़ में आश्रय-स्थलों का अभाव इस यात्रा को रोमांच देते हैं।

चाहे किसी भी रास्ते से जाएँ, इस यात्रा के लिए कोई बीमा सुविधा नहीं है। जैसा पहले लिख चुकी हूँ, यह यात्रा शिव के लिए है, अपने शव के साथ!